Berufswortschatz von A bis Z für Deutsch als Zweitsprache

Übungsbuch Wortschatztraining

Gisela Darrah

Herstellung und Verlag:
BoD - Books on Demand, Norderstedt
ISBN 978-3-8391-6923-0

-A-

Setze diese Wörter an den passenden Stellen ein:

....

Ausbildung   Abzüge   Arbeitsklima   Aktenordner   Aushilfe

Akkord   Abteilung   Arbeitsvertrag   Ausdauer   Anschreiben

anklicken   Aktien   automatisch   Absage   Arbeitgeber

arbeitssuchend   Azubi   Arbeitskollege   absetzen   Altenpflegerin

....

1. Wir suchen eine _ _ _ _ _ _ _ _für den Verkauf im Laden, zweimal pro Woche.

2. Tut mir Leid, ich kann Ihnen nicht weiterhelfen. Aber mein

_ _ _ _ _ _ _ _ _ _ _ _ _hat Zeit, er kann Sie beraten.

3. Das ist ein Kurzwort. Es steht für „Auszubildender", d. h. jemand lernt in einem

Betrieb. _ _ _ _ _

4. Man schreibt doch nicht „arbeitslos" im Lebenslauf! Man schreibt:

_ _ _ _ _ _ _ _ _ _ _ _ _.

5. Hast du den Beruf richtig gelernt? Hast du eine _ _ _ _ _ _ _ _ _?

6. Wie gefällt dir der neue Job? Sind die Kollegen nett und habt ihr ein gutes

_ _ _ _ _ _ _ _ _ _ _?

7. Helfen Sie mir bitte am Computer? Wo muss ich _ _ _ _ _ _ _ _ _, wenn ich Word

öffnen will?

8. Verdient dein Mann gut? Eigentlich schon, aber da sind so viele _ _ _ _ _ _, es

bleibt nicht viel übrig.

9. Wenn ich schneller arbeite, verdiene ich mehr. Ich arbeite im _ _ _ _ _ _

10. Du arbeitest bei Firma Braun? In welcher _ _ _ _ _ _ _ _ _bist du denn, im

Vertrieb oder im Personalwesen?

11. Ich kümmere mich um alte Menschen im Seniorenheim. Ich bin

_ _ _ _ _ _ _ _ _ _ _ _ _ .

12. Ich bin sicher, dass ich die Stelle bekomme. Allerdings habe ich den

_ _ _ _ _ _ _ _ _ _ _ _ _noch nicht unterschrieben.

13. Viktor ist sehr kräftig. Er kann lange arbeiten. Er hat viel _ _ _ _ _ _ _ _ .

14. Mein Chef heißt Peter Baumann. Er hat eine kleine Firma und ist mein

_ _ _ _ _ _ _ _ _ _ .

15. Ich habe viele Bewerbungen geschrieben. Da ist schon wieder eine _ _ _ _ _ _ !

Schade.

16. Du brauchst die Tür nicht zu öffnen. Sie öffnet sich _ _ _ _ _ _ _ _ _ _ _.

17. Ich kaufe manchmal Fachbücher und Fachzeitschriften. Am Ende des Jahres

kann ich die Rechnungen von der Steuer _ _ _ _ _ _ _ _ .

18. Hast du _ _ _ _ _ _ gekauft? Wenn du Glück hast, bekommst du Geld. Wenn

du Pech hast, verlierst du Geld.

19. Sind alle Bewerbungsunterlagen da? Der Lebenslauf, die Zeugnisse, das

_ _ _ _ _ _ _ _ _ _ ?

20. Die Rechnungen musst du in einen _ _ _ _ _ _ _ _ _ _ abheften. Dann findest

du sie später wieder.

A. Was passt? Kreuze an:

1.Für eine Arbeit, die lange dauert, braucht man viel

a. Aushilfe   b. Ausdauer   c. Ausbildung

2.Was muss man unterschreiben?

a. Arbeitsklima   b. Arbeitskollege   c. Arbeitsvertrag

3.Was schicke ich mit einer Bewerbung?

a. Anschreiben   b. Absage   c. Aktien

4. Die Rechnung für den Computer kann ich von der Steuer

a. arbeiten   b.absetzen   c. anklicken

5. Was steht im Regal?

a. Azubi   b. Aktenordner   c. Arbeitgeber

B. Ist das richtig oder falsch? Kreuze r oder f an.

1. Als Altenpfleger braucht man eine Ausbildung.   r/f

2. Mit Aktien verdient man immer Geld.   r/f

3. Ein Azubi studiert an der Universität.   r/f

4. Im Akkord wird man nach Leistung bezahlt.   r/f

5. Der Arbeitgeber ist mein Chef.   r/f

C. Finde 8 Wörter im Silbensalat:

An Bei Ab tei lung ga so li Ab Aus hil fe fal mo den au to ma tisch fin to

An schrei ben ban ton du so Ar beit ge ber ga bil ro Ak ten ord ner nad

dir men wol Ar beits kli ma mu ne sol dea Ar beits ver trag ton sel ka lo

-A-

Setze diese Wörter an den passenden Stellen ein:

....

Ablage   Aufenthaltserlaubnis   Anfrage   Angebot   Anfahrt

Agentur   Arge   Abitur   Ambitionen

Autoindustrie   Antwortbogen   Architekt   Angestellter

Auskunft   Anrede   Argument   aromatisch   Abmahnung

Anzeige   aufgeschlossen

....

1. Die Prüfung zum Abschluss des Gymnasiums heißt _ _ _ _ _ _.

2. Dürfen Sie in Deutschland bleiben?

   Haben Sie eine _?

3. Meine _ _ _ _ _ _ _ zur Arbeit ist nicht weit. Es sind nur 5 Kilometer.

4. Möchten Sie ein günstiges Auto kaufen? Ich mache Ihnen ein _ _ _ _ _ _ _.

5. Guten Tag. Ich habe Ihre _ _ _ _ _ _ _ in der Tageszeitung gelesen. Sie

   haben ein Regal zu verkaufen. Ist es noch da?

6. Dieser Kaffee hat einen herrlichen Duft und Geschmack.

   Er ist sehr _ _ _ _ _ _ _ _ _ _.

7. Die Sekretärin muss die _ _ _ _ _ _ machen, also Dokumente abheften.

8. Vielen Dank für Ihre _ _ _ _ _ _ _. Sie interessieren sich für eine Reise

   nach Rom. Also, wir haben …

9. Das ist ein Vermittlungsbüro. _ _ _ _ _ _ _ _.

10. Ein anderer Name für das Jobcenter (Arbeitsgemeinschaft) . _ _ _ _ .

11. Haben Sie Ziele im Leben, die Sie erreichen möchten?

Haben Sie _ _ _ _ _ _ _ _ _ _?

12. Wir haben zur Zeit eine Wirtschaftskrise.

Besonders die _ _ _ _ _ _ _ _ _ _ _ _ ist davon betroffen.

Nicht so viele Leute kaufen ein neues Auto.

13. Bitte füllen Sie den _ _ _ _ _ _ _ _ _ _ _ aus und senden ihn

unterschrieben zurück.

14. Das ist ein Beruf. Dieser Mensch entwirft und zeichnet Pläne für Häuser,

Fabrikhallen, usw. _ _ _ _ _ _ _ _ _ .

15. Arbeiten Sie für die Firma auf Honorarbasis?

Nein, ich bin _ _ _ _ _ _ _ _ _ _ _ .

16. Welche _ _ _ _ _ _ passt, Herr oder Frau?

17. Wie ist der neue Kollege?

Er gefällt mir gut. Er ist freundlich und _ _ _ _ _ _ _ _ _ _ _ _ _ _.

Er interessiert sich für alles Neue.

18. Sie sind jetzt schon dreimal zu spät gekommen. Sie bekommen eine

_ _ _ _ _ _ _ _ _.

19. Warum muss ich das heute noch fertig machen?

-Weil ich es sage.   -Das ist doch kein _ _ _ _ _ _ _ _!

20. Ich hätte gern eine _ _ _ _ _ _ _ _. Wann fährt der nächste Zug nach Mainz?

A. Was passt zusammen? Bilde 5 Wörter.

Ab-   An-   -gen-   -wort-   -fra-   Ant-   -la-   A-

Ar-   -ment   -gu-   -gen   -ge   -tur   -ge   -bo-

1. ....

2. ....

3. ....

4. ....

5. ....

B. Was passt zusammen? Schreibe die Sätze richtig.

1. Ich habe Ihre Anzeige	A. Antwortbogen ausgefüllt.
2. Dieser Kaffee ist	B. von 10 km.
3. Vielen Dank für	C. in der Zeitung gelesen.
4. Felix hat eine Anfahrt	D. sehr aromatisch.
5. Ich habe den	E. Ihr Angebot.

1. ....

2. ....

3. ....

4. ....

5. ....

-B-

Setze diese Wörter an den passenden Stellen ein:

....

Bewerbung   Begrüßung   Besprechung   Bauamt   Bargeld

Bilanz Bürgermeister Bestechung Bezahlung Bußgeld

bodenständig Brutto- Broterwerb Beamter Beurteilung

Berater bedanken Bedarf bedauern   Bankgeheimnis

....

1. Der Verdienst ohne Abzüge ist der _ _ _ _ _ _verdienst.

2. Jemand, der für den Staat arbeitet, ist ein _ _ _ _ _ _ _.

3. Kann man hier mit der Scheckkarte bezahlen? Ich habe kein

   _ _ _ _ _ _ _ dabei.

4. Wir _ _ _ _ _ _ _ _ es Ihnen mitteilen zu müssen, dass wir uns für einen

   anderen Bewerber entschieden haben.

5. Ist der Chef da? -Tut mir Leid, er ist gerade in einer _ _ _ _ _ _ _ _ _ _ _.

6. Ein anderes Wort für Verdienst ist _ _ _ _ _ _ _ _ _ _.

7. Banken dürfen fremden Personen keine Auskunft über deinen Kontostand

   geben. Das nennt man _ _ _ _ _ _ _ _ _ _ _ _ _.

8. Die neue Sporthalle wurde gestern eröffnet. Der _ _ _ _ _ _ _ _ _ _ _ _ _

   hat eine Rede gehalten.

9. Wir möchten uns herzlich für die Glückwünsche _ _ _ _ _ _ _ _.

10. Ich möchte an mein Haus noch einen Anbau machen. -Da musst du zuerst

eine Genehmigung vom _ _ _ _ _ _ beantragen.

11. Ali ist viel zu schnell gefahren. Die Polizei hat ihn angehalten und er muss ein

_ _ _ _ _ _ _ von 40 Euro bezahlen.

12. Beamte dürfen kein Geld und keine Geschenke annehmen. Sonst nennt man

das _ _ _ _ _ _ _ _ _.

13. Der Buchhalter berechnet aus den Einnahmen und Ausgaben jedes Jahres

eine _ _ _ _ _ _.

14. Das Stellenangebot interessiert mich. Die suchen eine Bürokraft. Da muss ich

gleich mal eine _ _ _ _ _ _ _ _ hinschicken.

15. Die ausländischen Gäste kamen um 11 Uhr an. Zur _ _ _ _ _ _ _ _ _ gab es

Kaffee und belegte Brötchen.

16. Wie ist die neue Arbeit?

- Anstrengend. Aber die _ _ _ _ _ _ _ _ ist gut.

17. Er hat eine kleine Firma mit guten Kontakten in der Region.

Ganz _ _ _ _ _ _ _ _ _ _ _..

18. Wie war das Praktikum? - Nicht schlecht. Der Chef hat mir eine sehr gute

_ _ _ _ _ _ _ _ _ _ geschrieben.

19. Gestern war ich beim Jobcenter. Der _ _ _ _ _ _ _ hat mich zum

Deutschkurs geschickt.

20. Guten Tag. Ich komme von der Firma Wirbelwind. Wir haben die besten

Staubsauger. - Nein, danke. Kein _ _ _ _ _ _.

A. Was passt zusammen? Bilde Komposita:

Bank-   Buß-   Bürger-   Brot-   -geld   -geheimnis   -meister   -erwerb

1. …………………………………………………………………………………

2. …………………………………………………………………………………

3. …………………………………………………………………………………

4. …………………………………………………………………………………

B. Wie heißt das Wort? Schreibe das Wort. Verwende alle Buchstaben.

a. Der Buchhalter erstellt sie jedes Jahr. (zaBiln) ……………………………

b. Da bekommt man eine Baugenehmigung. (aumatB) ……………………

c. Münzen und Scheine. (elBgard)………………………………………………

d. Guten Tag! (grüBeßung) …………………………………………………

e. Ich suche Arbeit. (ergunBewb) ………………………………………………

C. Ein Wort passt nicht in die Reihe. Markiere es.

a.   Bauamt – Ordnungsamt – Standesamt – Bürgermeister

b.   Barzahlung – Bußgeld – Broterwerb – Trinkgeld

c.   Päckchen - Bankgeheimnis – Postgeheimnis – Amtsgeheimnis

d.   Besprechung - Konferenz – Bestechung – Meeting

e.   Beamter – Angestellter – Arbeitnehmer – Arbeitgeber

4

-B-

Setze diese Wörter an den passenden Stellen ein:

....

Betrieb   Bäcker   Baulöwe   Branche   beglaubigt

bearbeiten   Betriebsrat   Börse   Betriebswirtschaft

beeinflussen   beeindrucken   Bürokauffrau   befristet

buchstabieren   Bauarbeiter   belastbar   Buchhalter

Bedienung   beliebt   Bericht

....

1. Wie heißen Sie? Können Sie Ihren Namen bitte _ _ _ _ _ _ _ _ _ _ _ _ _?

2. Ein anderes Wort für Kellner oder Kellnerin ist _ _ _ _ _ _ _ _ _.

3. Sie müssen noch zum Rathaus gehen. Die Urkunde muss

   _ _ _ _ _ _ _ _ _ _ werden.

4. Er ist in der Schule sehr _ _ _ _ _ _ _. Alle wollen mit ihm befreundet sein.

5. Mein Aufenthalt gilt nur bis zum 31. 12. Er ist _ _ _ _ _ _ _ _.

6. Ein anderes Wort für Firma ist _ _ _ _ _ _ _.

7. Ich gehe zum _ _ _ _ _ _. Soll ich dir auch ein Brötchen mitbringen?

8. Walter Meier besitzt eine große Immobilienfirma.

   Er ist ein richtiger _ _ _ _ _ _ _.

9. Oh, Klaus! Lange nicht gesehen! Bist du noch bei der Bahn oder arbeitest du

   in einer anderen _ _ _ _ _ _ _?

10. Fräulein Müller, bitte _ _ _ _ _ _ _ _ _ _ Sie so schnell wie möglich diese

Reklamation.

11. Ibrahim arbeitet auf einer Baustelle. Er ist _ _ _ _ _ _ _ _ _ _.

12. Meine Tochter studiert _ _ _ _ _ _ _ _ _ _ _ _ _ _ _ _ _ _. Später kann sie

unsere Firma leiten.

13. Meine Nachbarin hat gesagt, das Kleid ist nicht schön. Und jetzt gefällt es

mir auch nicht mehr.

Ach, was! Lass dich doch nicht _ _ _ _ _ _ _ _ _ _ _.

14. Mein Chef hat mich ungerecht behandelt. Was kann ich machen?

-Geh doch zum _ _ _ _ _ _ _ _ _ _!

15. An der _ _ _ _ _ wird mit Aktien gehandelt.

16. Schau mal, die Fotos! Das ist mein Haus, das ist mein Auto, ….

Das kann mich nicht _ _ _ _ _ _ _ _ _ _ _. Du hast eine reiche Frau geheiratet.

17. Ina macht eine Ausbildung zur _ _ _ _ _ _ _ _ _ _ _. Später möchte sie im

Büro arbeiten.

18. Der Job ist mir zu stressig. Das kann ich nicht. So _ _ _ _ _ _ _ _ _

bin ich nicht.

19. Er berechnet die Einnahmen und Ausgaben der Firma und erstellt eine

Bilanz. Er ist _ _ _ _ _ _ _ _ _ _.

20. Gestern war eine Konferenz über das neue Projekt. Jetzt muss ich einen

_ _ _ _ _ _ _ darüber schreiben.

1.. Was kann beglaubigt sein?

a. ein Dokument   b. Geld   c. ein Termin

2. Was kann befristet sein?

a. der Beruf   b. das Arbeitsverhältnis   c. die Mittagspause

3. Wer kann belastbar sein?

a. eine Pizza   b. ein Brief   c. ein Mensch

4. Wer arbeitet als Bedienung?

a. ein Lehrer   b. ein Bauarbeiter   c. ein Kellner

5. Was kann man studieren?

a. Bürokauffrau   b. Betriebwirtschaft   c. Bauarbeiter

B. Ist das richtig oder falsch? Kreuze r oder f an.

1. Ein anderes Wort für Firma ist Betrieb.   r/f

2. An der Börse wird mit Gemüse gehandelt.   r/f

3. Die Sekretärin schreibt einen Bericht.   r/f

4. Ich kann meinen Namen buchstabieren.   r/f

5. Der Bäcker beglaubigt Dokumente.   r/f

6. Der Bauarbeiter braucht Sicherheitsschuhe.   r/f

7. Der Buchhalter verkauft Bücher.   r/f

-D-

Setze diese Wörter an den passenden Stellen ein:

....

Dachdecker   Deckblatt   Drucker   Dreher

darstellen   Duden   durchfallen   Danksagung   Differenz

Durchhaltevermögen   dauern   Dokumente   Dichte

Direktion   delegieren   druckfrisch   dauerhaft

Dübel   Dienstleistung   Discounter

....

1. Wir haben viele Glückwünsche und Geschenke zum Jubiläum bekommen.

    Jetzt wollen wir eine _ _ _ _ _ _ _ _ _ _ schreiben.

2. Die Bewerbermappe ist fertig. Zuletzt lege ich oben noch das

    _ _ _ _ _ _ _ _ _ drauf.

3. Wie berechnet man den Gewinn? - Es ist die _ _ _ _ _ _ _ _ _ zwischen

    Umsatz und Unkosten.

4. Das ist ein Beruf. Jemand legt die Ziegel auf das Dach. _ _ _ _ _ _ _ _ _ _

5. Mein _ _ _ _ _ _ _ funktioniert nicht. Ich habe den Brief am Computer

    geschrieben, aber ich kann ihn nicht ausdrucken.

6. Gib nicht auf, wenn Probleme auftreten! Du brauchst jetzt

    _ _ _ _ _ _ _ _ _ _ _ _ _ _ _ _ _ _ !

7. Das ist ein Beruf. Jemand fertigt Maschinenteile, bedient Bohrmaschinen,

    Fräs- und Drehmaschinen. Der moderne Ausdruck für diesen Beruf ist

    Zerspanungstechniker. _ _ _ _ _ _

8. Ein Wort für zeigen, erklären, deutlich machen: _ _ _ _ _ _ _ _ _

9. Wenn du so viel für die Prüfung lernst, kannst du nicht _ _ _ _ _ _ _ _ _ _ _.

10. Die Geburtsurkunde, der Führerschein und das Abschlusszeugnis sind wichtige _ _ _ _ _ _ _ _ _.

11. Service – gibt es da kein deutsches Wort?

    -Doch, _ _ _ _ _ _ _ _ _ _ _ _ _ _.

12. Diese Haarfarbe geht beim Waschen nicht weg. Sie ist _ _ _ _ _ _ _ _ _.

13. Du kannst doch nicht alles allein machen! Du musst _ _ _ _ _ _ _ _ _ _!

14. Wie heißt es richtig? Selbständig oder Selbstständig?

    – Schau doch im _ _ _ _ _ nach!

15. Ich habe den Antrag vor drei Monaten abgeschickt. Wie lange wird es noch _ _ _ _ _ _, bis ich die Antwort erhalte?

16. Ist das die Zeitung von heute? - Ja, sie ist _ _ _ _ _ _ _ _ _ _ _.

17. Die Leitung einer Firma oder Schule nennt man _ _ _ _ _ _ _ _ _.

18. Supermärkte mit niedrigen Preisen heißen _ _ _ _ _ _ _ _ _ _.

19. Wir können die Schrauben nicht einfach in die Wand drehen. Wir brauchen _ _ _ _ _.

20. Das ist eine physikalische Größe. Sie zeigt, ob etwas im Verhältnis zur Größe schwer oder leicht ist. _ _ _ _ _ _

1. Der Dachdecker arbeitet	A. druckfrisch.
2. Sportler brauchen viel	B. die Waren billig.
3. Ein guter Chef kann	C. auf dem Dach.
4. Die Zeitung ist	D. Durchhaltevermögen
5. Im Discounter sind	E. delegieren.

1. ……………………………………………………………………………………

2. ……………………………………………………………………………………

3. ……………………………………………………………………………………
.

4. ……………………………………………………………………………………

5. ……………………………………………………………………………………

B. Ein Wort passt nicht in die Reihe. Markiere es.

1. Maurer – Dachdecker – Verkäufer – Elektriker

2. Dübel – Nagel – Schraube – Bild

3. Lebenslauf - Deckblatt – Personalbüro – Zeugnisse

4. Roman – Lexikon – Duden – Wörterbuch

5. Durchhaltevermögen – Ausdauer – Geduld – Ärger

6. Schreibtisch – Drucker – Computer – Laptop

7. Direktion – Leitung – Chef – Arbeiter

-E-

Setze diese Wörter an den richtigen Stellen ein:

....

Ein-Euro-Job   Enter   erstklassig   echt   Ergebnis

Elektronik   elegant   E-mail   Einzelhandel

Entgelt   Einkommen   exportieren   Erziehungsurlaub

erwerben   erwünscht   essbar   Einkommensteuererklärung

eintragen   effizient   Erzieherin

....

1. Ein anderes Wort für Lohn oder Bezahlung: _ _ _ _ _ _ _

2. In der Stellenanzeige steht : Berufserfahrung _ _ _ _ _ _ _ _ _.

– Da kannst du dich trotzdem bewerben, auch wenn du noch nicht in diesem

   Beruf gearbeitet hast. Vielleicht hast du eine Chance.

3. Am Ende des Jahres machen die Arbeitnehmer ihre

   _. Manchmal bekommen sie

Geld vom Finanzamt zurück.

4. Waren von einem Land in ein anderes ausführen. _ _ _ _ _ _ _ _ _ _ _

5. Dieser Pilz ist nicht _ _ _ _ _ _, ich weiß es genau. Er ist giftig.

6. Was muss ich mit dem Formular machen?

   – Schau, hier musst du deinen Namen _ _ _ _ _ _ _ _ _.

7. Schicke mir keinen Brief, das dauert zu lange. Schreibe mir schnell

   eine _ - _ _ _ _.

8. Hast du Arbeit? - Naja, nicht direkt. Es ist nur ein _ _ _ - _ _ _ _ - _ _ _.

9. Wie kann ich das jetzt im Computer eingeben?

   Du musst hier die _ _ _ _ _ - Taste drücken.

10. Was bedeutet: Sie können das Gerät käuflich _ _ _ _ _ _ _ _ ?

    – Das bedeutet, du kannst es kaufen.

11. Kann ich bitte Frau Heller sprechen? - Tut mir Leid, Frau Heller ist

    schon seit zwei Monaten im _ _ _ _ _ _ _ _ _ _ _ _ _ _ _ _. Sie hat eine

    Tochter bekommen. Ihr Ansprechpartner ist jetzt zur Zeit Herr Klein.

12. Unsere neue Reinigungskraft arbeitet sehr gut und schnell, sie ist sehr

    _ _ _ _ _ _ _ _ _.

13. Man verkauft Waren direkt an einzelne Kunden. Der freundliche Kontakt mit

    den Kunden ist im _ _ _ _ _ _ _ _ _ _ _ sehr wichtig.

    Die Kleider auf der Modenschau waren sehr _ _ _ _ _ _ _ _. Man kann sie gut

    zu einer Hochzeit oder ins Theater anziehen.

15. Wir haben viele Aufträge auf der Messe bekommen. Das war ein gutes

    _ _ _ _ _ _ _ _.

16. Kannst du mir den Computer anschließen? - Leider nicht. Ich kenne mich mit

    _ _ _ _ _ _ _ _ _ _ nicht aus.

17. Ist die Jacke auch wirklich aus Leder? - Ja, das ist _ _ _ _ und kein Imitat..

18. Das Essen in diesem Restaurant ist wirklich _ _ _ _ _ _ _ _ _ _ _. Es hat

    uns sehr gut geschmeckt.

19. Das ist ein Beruf. Jemand arbeitet im Kindergarten und erzieht die Kinder.

    _ _ _ _ _ _ _ _ _ _.

20. Das Geld, das man für seine Arbeit bezahlt bekommt, heißt auch

    _ _ _ _ _ _ _ _ _.

A. Finde 10 Wörter im Silbensalat:

gan do Er geb nis nas gen ein tra gen tan wan du ess bar ben sol das do

e le gant a la der ton ex por tie ren tei ras ax tel E lek tro nik dak dos lak

don pul er wer ben was bal ou wu Ein zel han del zon das hon del Ikon

ret zog let Ein kom men man del kam mo sa del fu erst klas sig sa do ju

B. Welche Wörter und Ausdrücke bedeutet das Gleiche oder fast das Gleiche?

1. Sehr gut   A. ausführen

2. Man kann es essen.   B. erwerben

3. Bezahlung   C. Mutterschutz

4. kaufen   D. erstklassig

5. exportieren   E. essbar

6. Erziehungsurlaub   F. Entgelt

1	2	3	4	5	6

C. Wie heißt das Wort? Schreibe das Wort. Verwende alle Buchstaben.

1. Waren in andere Länder ausführen. (ierexportn) ....

2. Sie arbeitet im Kindergarten. (in Eriezher) ....

3. Ein Geschäft verkauft an Einzelpersonen. (hanEizlendel) ....

4. Computer, Fernsehen, Handys, ...(ikElketron) ....

7

-F-

Setze diese Wörter an den passenden Stellen ein:

....

Fachkraft   Fremdwort   Forderung   Förderung

Fortbildung   Fassungsvermögen   Festplatte   Fachabitur

Festgeld   Fotokopie   Fluggesellschaft   Förderschule

Festanstellung   fristgerecht   Fliesenleger   Finanzierung

Fabrikhalle   Finanzamt   Fußnote   Formatierung

....

1. Das ist ein Beruf. Jemand verlegt die Fliesen, z. B. Im Badezimmer.

   _ _ _ _ _ _ _ _ _ _ _.

2. Wir wollen ein Haus kaufen. Wir machen die _ _ _ _ _ _ _ _ _ _ _ mit der

   Sparkasse.

3. Sie haben keine Ausbildung in diesem Beruf? Dann können Sie nicht bei uns

   arbeiten, wir suchen eine _ _ _ _ _ _ _ _.

4. Nein, du kannst nicht einfach aus der Wohnung ausziehen.

   Du musst _ _ _ _ _ _ _ _ _ _ _ kündigen, das heißt drei Monate vorher.

5. Was bedeutet Osteoligie? - Ich weiß nicht, das ist ein _ _ _ _ _ _ _ _.

6. Schicken Sie das Dokument nicht im Original. Machen Sie eine

   _ _ _ _ _ _ _ _.

7. Das Fass hat 10 Liter _ _ _ _ _ _ _ _ _ _ _ _ _ _ _. Das bedeutet, man kann

   10 Liter Flüssigkeit hineingießen.

8. Vera kann nicht alle Fächer studieren, die hat ein _ _ _ _ _ _ _ _ _

   an einem Wirtschaftsgymnasium gemacht. Sie kann nur Wirtschaft studieren.

9. Udo arbeitet beim _ _ _ _ _ _ _ _ _. Er prüft die Steuererklärungen der Leute.

10. Wenn man heute einen Beruf gelernt hat, muss man trotzdem oft zur

_ _ _ _ _ _ _ _ _ _.

Dort lernt man etwas über die neuen Entwicklungen im Beruf.

11. Hast du Geld gespart? - Ja, ich habe es als _ _ _ _ _ _ _ für

fünf Jahre angelegt.

12. Studenten mit guten Noten können eine _ _ _ _ _ _ _ _ beantragen.

13. Wo werden auf dem Computer die Daten gespeichert?

– Auf der _ _ _ _ _ _ _ _ _.

14. Die Arbeiter stehen am Fließband in einer großen _ _ _ _ _ _ _ _ _ _.

15. Der Brief sieht nicht gut aus. Die Schrift gefällt mir nicht.

– Gut, ich werde die _ _ _ _ _ _ _ _ _ _ _ ändern.

16. Das Kind kann nicht so gut lernen, Es geht auf eine _ _ _ _ _ _ _ _ _ _ _ _.

Dort gibt es besonders ausgebildete Lehrer.

17. An diesem Wort ist ein Stern. Was bedeutet das?

– Du findest Informationen über das Wort in der _ _ _ _ _ _ _ unten.

18. Leider sind Sie unserer _ _ _ _ _ _ _ _ nicht nachgekommen.

Sie haben die Rechnung nicht bezahlt. Daher müssen wir eine Mahngebühr

berechnen.

19. Nächsten Mönat fliege ich nach New York.

– Mit welcher _ _ _ _ _ _ _ _ _ _ _ _ _ _ _ _ fliegst du?

20. Zur Zeit arbeite ich als Krankheitsvertretung für einen Monat. Der Chef hat

gesagt, ich bekomme vielleicht eine _ _ _ _ _ _ _ _ _ _ _ _ _.

Dann arbeite ich fest für die Firma.

A. Was passt? Kreuze a, b oder c an:

1. Wer hat eine Ausbildung gemacht?

a. Fachkraft   b. Reinigungskraft   c. Arbeitskraft

2. Was kann man nicht sofort bekommen?

a. Trinkgeld   b. Festgeld   c. Kleingeld

3. Wo ist die Festplatte?

a. in der Küche   b. im Schrank   c. am Computer

4. Wo ist eine Fußnote?

a. im Schuh   b. unten auf der Seite eines Buches   c. am Fuß

5. Welches Wort ist ein Fremdwort?

a. shopping   b. einkaufen   c. bezahlen

B. Was passt zusammen? Bilde Komposita.

Fach-   Fuß-   Fabrik-   Fach-   Foto-   Fliesen-   Flug-

-leger   -kopie   -gesellschaft   -abitur   -kraft   -halle   -note

1. ….......................................   2. ….......................................

3. ….......................................   4. ….......................................

5. ….......................................   6. ….......................................

7. ….......................................

8

-G-

Setze diese Wörter an den richtigen Stellen ein:

···

Gastgewerbe   Geldanlage   Gastarbeiter   Gutschrift

Guthaben   Geburtsort   Gabelstaplerfahrer   Gründung

GmbH   Grundschule   gründlich   geehrte   garantieren

Gläubiger   günstig   Großhändler   Gehalt   Grundgesetz

Gewerkschaft   Gebäudereiniger

···

1. Wir können Ihnen das Geld nicht zurückgeben, aber Sie bekommen eine

    _ _ _ _ _ _ _ _ _.

2. Aktien sind risikoreich. Ich finde, das ist keine sichere _ _ _ _ _ _ _ _ _ _.

3. Mit sechs Jahren kommen die Kinder in die _ _ _ _ _ _ _ _ _ _ _.

4. Warum bist du nicht _ _ _ _ _ _ _ _ _? Du machst die Arbeit nur halb und nicht richtig.

5. In der zweiten Hälfte des zwanzigsten Jahrhunderts brauchte man viele

    Arbeiter in Deutschland. Deshalb sind _ _ _ _ _ _ _ _ _ _ _ _ aus Italien,

    Spanien, Griechenland und aus der Türkei gekommen.

6. Hast du Minus auf dem Konto? - Nein, zur Zeit habe ich _ _ _ _ _ _ _ _.

7. Die Abkürzung für „Gesellschaft mit beschränkter Haftung" : _ _ _ _

8. Wo sind Sie geboren? Wie heißt Ihr _ _ _ _ _ _ _ _ _ _?

9. Wie alt ist diese Firma? - Die _ _ _ _ _ _ _ _ war 1972.

10. Alex arbeitet im Lager als _ _ _ _ _ _ _ _ _ _ _ _ _ _ _ _ _. Er bringt

    Paletten mit Waren zum Versand.

11. Restaurants, Kneipen und Hotels gehören zum _ _ _ _ _ _ _ _ _ _.

12. Diese Personen machen Gebäude sauber.

    _ _ _ _ _ _ _ _ _ _ _ _ _ _.

13. Ein offizieller Brief beginnt so: Sehr _ _ _ _ _ _ _ Frau Müller, …

14. Arbeitnehmer organisieren sich in der _ _ _ _ _ _ _ _ _ _ _.

15. Sind Sie sicher, dass der Rucksack 30 Kilo aushalten kann?

    –   Ja, das können wir _ _ _ _ _ _ _ _ _ _ :

16. Jeder Mensch darf seine Religion frei ausüben.

    Das steht im _ _ _ _ _ _ _ _ _ _.

17. Das Gegenteil von Schuldner ist _ _ _ _ _ _ _ _ _.

18. Arbeiter bekommen Lohn, Angestellte bekommen _ _ _ _ _ _.

19. Der _ _ _ _ _ _ _ _ _ _ _ verkauft Waren an Supermärkte, Boutiquen und

    andere Geschäfte.

20. Dieser Pulli kostet nicht viel, obwohl die Qualität gut ist. Er ist _ _ _ _ _ _ _.

A. Ein Wort passt nicht in die Reihe. Markiere es.

1. Grundschule – Realschule – Hundeschule – Gymnasium

2. günstig – teuer – billig – preiswert

3. Gebäudereiniger – Fensterputzer – Putzkolonne – Allzweckreiniger

4. Gehalt – Halteverbot – Lohn – Einkommensteuererklärung

5. Gastarbeiter – Asylbewerber – Migranten – Lagerarbeiter

6. Wohnort – Name – Kindergarten – Geburtsort

B. Ist das richtig oder falsch? Kreuze r oder f an.

1. Ein Gabelstaplerfahrer arbeitet im Lager.   r/f

2. Ein Hotel gehört zum Gastgewerbe.   r/f

3. Im Grundgesetz stehen alle Adressen.   r/f

4. Ein Großhändler hat nur große Waren.   r/f

5. Preiswert bedeutet das Gleiche wie günstig.   r/f

6. In der Grundschule lernt man lesen.   r/f

C. Wie heißt das Wort? Schreibe das Wort. Verwende alle Buchstaben.

1. Kinder gehen dort mit 6 Jahren hin. (ueGrndschul) …................

2. Dort bin ich geboren. (troGbeurts) …...

3. Er verkauft an andere Händler. (reGrhäoßndl) …...........................

4. Angestellte verdienen es. (ItGeah) …...

5. Er macht Gebäude sauber. (reiGebdeäunierg) …...........................

9

-H-

Setze diese Wörter an den passenden Stellen ein:

....

Herausforderung   Hacker   Heilberufe   Helfer   Hausarzt   Helm

Haltbarkeitsdatum   Hacke   herstellen   Hauptschulabschluss

Hausbesuche   höflich   Hochschule   Hilfefunktion   Holzbranche

Hundefrisör   Handelskette   Hausmann   Handschuhe   Honorarbasis

....

1. Ist der Joghurt noch frisch? - Schau mal nach dem

   _ _ _ _ _ _ _ _ _ _ _ _ _ _ _ _ _ .

2. Arzt, Krankenschwester und Masseur sind Beispiele für _ _ _ _ _ _ _ _ _ _.

3. Im Umgang mit Kunden muss man immer _ _ _ _ _ _ _ sein, auch wenn man

   sich manchmal über sie ärgert.

4. Wenn du am Computer arbeitest und etwas nicht weißt, kannst du das

   Fragezeichen anklicken, das ist die _ _ _ _ _ _ _ _ _ _ _ _.

5. Das Geschäft, für das ich arbeite, hat viele Filialen in ganz Deutschland, es ist

   eine _ _ _ _ _ _ _ _ _ _ _.

6. Mein Mann hat keine feste Arbeitsstelle, er arbeitet auf _ _ _ _ _ _ _ _ _ _ _

   bei einer Agentur.

7. Ein anderes Wort für Universität ist _ _ _ _ _ _ _ _ _ _.

8. Bei der Arbeit am Bau müssen die Maurer einen _ _ _ _ aufsetzen, damit der

   Kopf geschützt ist.

9. Mein Pudel bekommt die Haare geschnitten. Wie gehen zum

_ _ _ _ _ _ _ _ _ _.

10. Wenn du nicht weißt, was für eine Krankheit du hast, gehst du zuerst zum

_ _ _ _ _ _ _ _.

11. Er arbeitet für die eigene Familie. Er ist _ _ _ _ _ _ _ _.

12. Frisörinnen arbeiten mit chemischen Stoffen, deshalb tragen sie

_ _ _ _ _ _ _ _ _ .

13. Ich habe keine besondere Ausbildung. Deshalb arbeite ich nicht als

Fachkraft, sondern als _ _ _ _ _ _.

14. Ein neues Arbeitsgebiet ist oft eine _ _ _ _ _ _ _ _ _ _ _ _ _ _ für einen

Arbeitnehmer. Man muss sich auf etwas Neues einstellen.

15. Alex handelt mit Holz. Er liefert es an Möbelfabriken und Schreiner. Seine

Firma ist bekannt in der _ _ _ _ _ _ _ _ _ _.

16. Eva ist Fußpflegerin. Sie fährt oft zu ihren Kunden nach Hause, sie macht

_ _ _ _ _ _ _ _ _ _.

17. Das ist ein englisches Wort. Es bezeichnet eine Person, die es versteht,

private oder geschäftliche Daten anderer Leute im Computer zu finden.

Diese Tätigkeit ist kriminell. _ _ _ _ _ _.

18. Der Gärtner muss die Erde locker machen. Er benützt dazu eine _ _ _ _ _.

19. Ein anderes Wort für produzieren. _ _ _ _ _ _ _ _ _.

20. Der Schulabschluss der neunten Klasse.

_ _ _ _ _ _ _ _ _ _ _ _ _ _ _ _ _.

A. Was passt zusammen? Schreibe die Sätze richtig.

1. Manche Ärzte	A. sind viele Studenten.
2. Krankenschwester ist	B. putzt und bügelt.
3. Motorradfahrer müssen	C. machen Hausbesuche.
4. An der Hochschule	D. ein Heilberuf.
5. Der Gärtner arbeitet	E. einen Helm tragen.
6. Der Hausmann kocht,	F. mit der Hacke.

1. ……………………………………………………………………………………

2. ……………………………………………………………………………………

3. ……………………………………………………………………………………

4. ……………………………………………………………………………………

5. ……………………………………………………………………………………

6. ……………………………………………………………………………………

B. Was passt zusammen? Bilde 5 Wörter:

Ho-	-ket-	-ba-	Haus-	-no-	Hun-
-rar-	-sis	Hel-	-be-	-te	-fer	-su-
-de-	Han-	-che	-fri-	-dels-	-sör

1. ………………………………………… 2. …………………………………………

3. ………………………………………… 4. …………………………………………

5. …………………………………………

10

-I , J-

Setze diese Wörter an den passenden Stellen ein:

....

Inventur   international   Internetshop   Innendienst   IHK   Imker

jobben   jährlich   intern   Instrumente   Jungunternehmer   Jäger

inklusive   Inhaber   Installateur   Industriekaufmann   Immobilien

Inserat   Jobcenter   Ingenieur

....

1. Die Abkürzung für „Industrie- und Handelskammer" ist _ _ _.

2. In diesem Beruf gibt es verschiedene Fachrichtungen: Maschinenbau,

   Elektronik, Flugzeugbau … _ _ _ _ _ _ _ _ _ .

3. Da ist ein Beruf oder ein Hobby. Jemand hat Bienen und gewinnt von ihnen

   Honig. _ _ _ _ _.

4. Diese Information ist _ _ _ _ _ _, also nur für Personen in der Firma.

5. Ein anderes Wort für Anzeige, z. B. Jemand sucht eine Wohnung und hat

   ein _ _ _ _ _ _ _ in die Zeitung gesetzt.

6. Mein Sohn macht bei einer Firma eine Ausbildung zum

   _ _ _ _ _ _ _ _ _ _ _ _ _ _ _ _. Er kann später viele verschiedene Aufgaben

   im kaufmännischen Bereich übernehmen.

7. Häuser, Grundstücke, Wohnungen usw. nennt man _ _ _ _ _ _ _ _ _ _.

8. In meiner Wohnung werden neue Wasserhähne eingebaut. Der

   _ _ _ _ _ _ _ _ _ _ _ _ kommt morgen um 9 Uhr.

9. Das _ _ _ _ _ _ _ _ _ heißt auch ARGE oder Arbeitsgemeinschaft. Es betreut

   Arbeitslose, vermittelt Arbeit und Arbeitslosengeld 2.

10. Das ist ein Beruf oder ein Hobby. Jemand beobachtet und schießt Hirsche

   oder Hasen. _ _ _ _ _ .

11. Junge Menschen, manchmal auch schon Schüler, gründen ein Geschäft

   oder eine Firma. _ _ _ _ _ _ _ _ _ _ _ _ _ _ _ _.

12. Einmal im Jahr werden in jeder Firma die Waren im Lager gezählt.

   _ _ _ _ _ _ _ _.

13. Der Besitzer eines Geschäfts. _ _ _ _ _ _ _.

14. Die Mitarbeiter im Außendienst sind unterwegs und besuchen Kunden.

   Im Büro arbeiten die Mitarbeiter im _ _ _ _ _ _ _ _ _ _.

15. Der Musiker benützt welche. Auch der Chirurg. _ _ _ _ _ _ _ _ _ _ _.

16. Die Firma betreibt Handel mit vielen Ländern der Erde. Sie ist

   _ _ _ _ _ _ _ _ _ _ _ _ bekannt.

17. Eine Woche Urlaub im Hotel „Aurora" kostet 299 € _ _ _ _ _ _ _ _

   Frühstück.

18. Meine Tochter studiert Architektur. In den Sommerferien will sie Geld

   verdienen und in einem Architekturbüro _ _ _ _ _ _.

19. Jemand verkauft Waren über das Internet. Er hat einen _ _ _ _ _ _ _ _ _ _ _.

20. Wenn Sie den Beitrag _ _ _ _ _ _ _ _ bezahlen, ist er billiger als wenn Sie

   ihn monatlich bezahlen.

A. Was passt? Kreuze a, b oder c an:

1. Der Imker züchtet

a. Ziegen   b. Bienen   c. Rosen

2. Immobilien sind

a. Häuser   b. Berufe   d.Spiele

3. Der Installateur repariert

a. Autos   b. Fahrräder   c. Wasserleitungen

4. Der Inhaber eines Geschäfts ist der

a. Kunde   b. Besitzer   c. Gründer

5. Jobben bedeutet

a. arbeiten   b. Urlaub machen   c. Sport machen

B. Welche Wörter und Ausdrücke bedeuten das Gleiche oder fast das Gleiche?

1. Imker   A. jedes Jahr

2. Installateur   B. Anzeige

3. Immobilien   C. Bienenzüchter

4. Inserat   D. Klempner

5. jobben   E. Häuser und Grundstücke

6. jährlich   F. arbeiten

1	2	3	4	5	6

11

-K-

Setze diese Wörter an den passenden Stellen ein:

....

Kunde   kassieren   Konferenz   Krankmeldung   Kenntnisse   Kasse

kontrollieren   Kündigung   Krankenschwester   Karriere   Kantine

Konkurrenz   Kreditinstitut   kurzfristig   kaufmännische

Kaffeepause   Korrespondenz   Kreditkarte   kundenfreundlich

Kleinunternehmer

....

1. Das ist ein Heilberuf. Eine Frau arbeitet im Krankenhaus und pflegt kranke

   Menschen. _ _ _ _ _ _ _ _ _ _ _ _ _ _ _ _

2. Zwei Firmen stellen ähnliche Produkte her. Sie sind im Wettbewerb um die

   Kunden. Das nennt man _ _ _ _ _ _ _ _ _ _.

3. Wir suchen eine Putzhilfe, die möglichst schnell bei uns anfangen kann.

   Könnten Sie _ _ _ _ _ _ _ _ _ _ _ bei uns anfangen zu arbeiten?

4. Mitarbeiter einer Firma treffen sich und sprechen über ihre Pläne und

   Ergebnisse. _ _ _ _ _ _ _ _ _.

5. Bürokaufmann/ -frau, Hotelfachmann/ -frau, Industriekaufmann/ -frau,

   Buchhändler/ -in, das sind _ _ _ _ _ _ _ _ _ _ _ _ _ Berufe.

6. Wir schließen in wenigen Minuten. Bitte gehen Sie zur _ _ _ _ _.

7. Udo hat sich selbstständig gemacht. Er hat einen kleinen Internetshop.

   Der Umsatz pro Jahr liegt unter 17 500 €. Er ist _ _ _ _ _ _ _ _ _ _ _ _ _ _ _ _ _ _.

8. Dort essen die Mitarbeiter einer Firma. _ _ _ _ _ _ _.

9. Im Büro machen die Angestellten vormittags und nachmittags

_ _ _ _ _ _ _ _ _ _ _. Sie heißt so, auch wenn man Tee trinkt.

10. Das deutsche Wort dafür ist „Schriftverkehr". _ _ _ _ _ _ _ _ _ _ _ _.

11. Sie können die Rechnung auch bargeldlos mit ihrer _ _ _ _ _ _ _ _ _ _

bezahlen.

12. Jemand, der in einem Geschäft etwas kauft oder einen Service in Anspruch

nimmt. _ _ _ _ _.

13. Der Kunde ist König, so heißt ein Sprichwort. Deshalb versuchen Geschäfte

_ _ _ _ _ _ _ _ _ _ _ _ _ _ _ _ zu sein.

14. Ein anderes Wort für Arbeitsunfähigkeitsbescheinigung. _ _ _ _ _ _ _ _ _ _ _ _

15. Ja, der Brief ist fertig. Ich muss noch mal _ _ _ _ _ _ _ _ _ _ _ _, ob

keine Fehler darin sind.

16. Beruflich erfolgreich sein, das heißt _ _ _ _ _ _ _ _ machen.

17. Im Lebenslauf stehen persönliche Daten, der schulische und berufliche

Werdegang und zuletzt die besonderen _ _ _ _ _ _ _ _ _ _.

18. Der Arbeitgeber oder der Arbeitnehmer kann sie aussprechen.

Normalerweise hat man eine Frist. _ _ _ _ _ _ _ _ _

19. Geld nehmen = _ _ _ _ _ _ _ _ _

20. Das ist eine Bank, die auch Geld verleiht. _ _ _ _ _ _ _ _ _ _ _ _ _ _

A. Ein Wort passt nicht in die Reihe. Markiere es.

1. Kreditinstitut – Bank – Apotheke – Sparkasse

2. Briefwechsel – Kurrespondenz – Schreiben – Tanzen

3. Kasse – Klasse – bezahlen – Kassiererin

4. kurzfristig – langfristig – bald – schnell

5. Krankenhaus – Ärzte – Krankenschwester – Hausfrau

6. Mittagspause – Teamarbeit – Kaffeepause – Feierabend

7. Vorstellungsgespräch – Bewerbung – Kündigung – Einstellung

B. Was passt zusammen? Schreibe die Sätze richtig.

1. Ich bezahle   A. schon abgegeben?

2. Wir essen   B. an der Kasse.

3. Der Kunde möchte   C. gibt mir Medikamente.

4. Können Sie kurzfristig   D. in der Kantine.

5. Hast du die Krankmeldung   E. ein Radio kaufen.

6. Die Krankenschwester   F. bei uns anfangen?

1. ....

2. ....

3. ....

4. ....

5. ....

6. ....

-L-

Setze diese Wörter an den passenden Stellen ein:

....

Leiter   Laufzeit   Lehrling   Laserdrucker   laminieren   Lager

Lexikon   Lebensmittelfiliale   Lebensunterhalt   Lieferant   löschen

Lektor   lackieren   Lehrberufe   Lohnnebenkosten   Lebenslauf

lieferbar   Langzeitarbeitsloser   leistungsbereit   Landwirt

....

1. Mit Folie überziehen: _ _ _ _ _ _ _ _ _ _

2. Dort liegen die Waren einer Firma. _ _ _ _ _

3. In einem Verlag prüft der _ _ _ _ _ _ die Manuskripte.

4. Ein Drucker mit Lasertechnik: _ _ _ _ _ _ _ _ _ _ _ _

5. Berufe für Personen, die Wissen an andere weitergeben. _ _ _ _ _ _ _ _ _ _

6. Es tut uns leid, das Buch ist zur Zeit nicht _ _ _ _ _ _ _ _ _. Erst in zwei

   Wochen können wir es schicken.

7. Ich bewerbe mich um eine Stelle als Verkäuferin. Ich schicke meinen

   _ _ _ _ _ _ _ _ _ _ _ und ein Anschreiben an mehrere Supermärkte.

8. Das moderne Wort ist „Auszubildender", früher sagte man _ _ _ _ _ _ _ _.

9. Jeder Arbeitgeber möchte, dass die Angestellten _ _ _ _ _ _ _ _ _ _ _ _ _ _ _

   sind, dass sie sich voll für den Beruf einsetzen.

10. Vera arbeitet als Kassiererin in einer _.

    Dort bezahlen die Kunden die Lebensmittel an der Kasse.

11. Jemand liefert Waren an ein Geschäft. _ _ _ _ _ _ _ _ _ _

12. Eine Person, die länger als ein Jahr arbeitslos ist.

    _

13. Das muss der Arbeitgeber neben dem Lohn auch noch bezahlen, zum

    Beispiel den Arbeitgeberanteil zur Sozialversicherung.

    _ _ _ _ _ _ _ _ _ _ _ _ _ _.

14. Die Kosten für das tägliche Leben, wie Essen, Miete und Kleidung

    nennt man _ _ _ _ _ _ _ _ _ _ _ _ _ _ _

15. Ich schreibe einen Brief am Computer. Ich habe einen Fehler gemacht.

    Kein Problem, das kann ich ja _ _ _ _ _ _ _.

16. Ismail hatte einen kleinen Autounfall. Er muss sein Auto neu _ _ _ _ _ _ _ _ _.

17. Dieses Wort hat zwei Bedeutungen.

    Erste Bedeutung: Das brauche ich, wenn ich die Kirschen vom Baum holen

    will. Zweite Bedeutung: Ein Mann, der eine Abteilung oder eine Firma

    organisiert. _ _ _ _ _ _

18. Ein anderes Wort für Bauer. _ _ _ _ _ _ _ _

19. Weißt du, woraus Porzellan gemacht wird? Nein, schau doch im _ _ _ _ _ _ _

    nach.

20. Der Kreditvertrag hat eine _ _ _ _ _ _ _ _ von 10 Jahren.

A. Finde 10 Wörter im Silbensalat:

Li Lauf zeit zo lei Lu La ger Ler go bau Le bens lauf bal men tes la su

Lek tor Li kal den se Le bens un ter halt hel ten sol La di la mi nie ren

Let Lon Lei ter tas Land wirt en to sal lie fer bar Lohn ne ben kos ten

B. Wie heißt das Wort? Schreibe das Wort. Verwende alle Buchstaben.

1. Er liest Manuskripte in einem Verlag.(roLetk) ....

2. Er produziert Lebensmittel. (anwiLdrt) ....

3. Dort sind die Waren einer Firma. (reLag) ....

4. Auszubildender (ginreLhl) ....

5. Dort werden viele Wörter erklärt. (onexLik) ....

6. Mit Folie überziehen. (ielamnirne) ....

C. Was passt zusammen? Bilde 8 Komposita.

| Lager- | Lebens- | -wirt | -fifiale | Lebens- | Lohn- |

| -berufe | -nebenkosten | Lehr- | Land- | -arbeiter |

| -unterhalt | -lauf | Langzeit- | Lebensmittel- | -arbeitsloser |

1. ....   2. ....

2. ....   4. ....

3. ....   6. ....

7. ....   8. ....

13

-M,N-

Setze diese Wörter an den passenden Stellen ein:

....

Mindestlohn Nachtschicht Nebenjob Maurer Münze Maus

Notizen neuartig Marketing naturverbunden Migranten

Nähstube Mitteilung Nachrichtensprecher Nebenkosten

Mittagspause Mutterschutz Masseur markieren Meeting

....

1. So etwas hat es vorher noch nie gegeben. Das Gerät ist _ _ _ _ _ _ _ _.

2. Mein Mann ist Lehrer von Beruf. Aber er hat noch einen _ _ _ _ _ _ _ _.

   Er restauriert alte Möbel.

3. Wenn man Förster werden will, muss man sehr _ _ _ _ _ _ _ _ _ _ _ _ _

sein.

4. Gabi näht gern. Jetzt hat sie einen Beruf daraus gemacht. Sie hat

   „Gabis _ _ _ _ _ _ _" eröffnet.

5. Diese Person sieht man jeden Abend im Fernsehen und erfährt die neuesten

   Nachrichten. _ _ _ _ _ _ _ _ _ _ _ _ _ _ _ _ _ _

6. Die Miete ist günstig, aber die _ _ _ _ _ _ _ _ _ _ _ sind zu hoch.

7. Ich habe bei der Sitzung einige _ _ _ _ _ _ _ gemacht, damit ich dann

   einen Bericht schreiben kann.

8. Sonja und ich sind Kolleginnen. Wir treffen uns täglich in der

   _ _ _ _ _ _ _ _ _ _ _ _ zum Joggen.

9. Alle Frauen, die in einem Arbeitsverhältnis stehen, können während der

   Schwangerschaft und kurz nach der Geburt nicht entlassen werden.

   Dieses Gesetz heißt _ _ _ _ _ _ _ _ _ _ _.

10. Mein Onkel hat sein Haus selbst gebaut. Er ist _ _ _ _ _ _ von Beruf.

11. Ich habe Rückenprobleme. Heute Nachmittag gehe ich zum _ _ _ _ _ _ _.

12. Ursprünglich das Wort für ein kleines Tier, nennt man auch das

    Steuerungsgerät für den Computer _ _ _ _.

13. Bitte _ _ _ _ _ _ _ _ _ Sie im Text alle wichtigen Wörter.

14. Kannst du mir Geld wechseln? Für den Getränkeautomaten brauche ich

    eine _ _ _ _ _.

15. Die Politiker streiten sich seit einiger Zeit, ob man einen _ _ _ _ _ _ _ _ _ _ _

    einführen sollte. Viele Menschen arbeiten für sehr niedrige Löhne, von

    denen sie nicht leben können.

16. Ich habe die _ _ _ _ _ _ _ _ _ _ an alle Angestellten gelesen. Ab sofort

    dürfen wir nicht mehr in den Büros rauchen.

17. Viele Menschen in Deutschland sind in anderen Ländern geboren.

    Sie sind _ _ _ _ _ _ _ _ _.

18. Anna kümmert sich um den Kontakt mit neuen Kunden. Sie präsentiert

    die Produkte der Firma. Sie arbeitet in der _ _ _ _ _ _ _ _ _-Abteilung.

19. Kai ist Chemikant in einem großen Chemiewerk. Er arbeitet heute von

    18 Uhr abends bis 6 Uhr früh. Er hat _ _ _ _ _ _ _ _ _ _ _ _.

20. Ein englisches Wort für „Besprechung" oder „Konferenz".

    _ _ _ _ _ _ _.

A. Was passt zusammen? Schreibe die Sätze richtig.

1. Der Maurer baut	A. etwa zwei Stunden.
2. Das Zwei-Euro-Stück	B. berichtet über Politik.
3. Der Nachrichtensprecher	C. eine neue Garage.
4. In der Mittagspause	D. alle wichtigen Wörter.
5. Das Meeting dauert	E. ist eine Münze.
6. Wir markieren	F. ruhe ich mich aus.

1. ……………………………………………………………………………………………

2. ……………………………………………………………………………………………

3. ……………………………………………………………………………………………

4. ……………………………………………………………………………………………

5. ……………………………………………………………………………………………

6. ……………………………………………………………………………………………

B. Was passt? Kreuze a, b oder c an.

1. Wo arbeitet der Maurer?

a. im Büro   b. auf der Baustelle   c. im Garten

2. Was bearbeitet die Marketingabteilung?

a. Werbung   b. Verkauf   c. Reklamationen

3. Wer arbeitet im Gesundheitsbereich?

a. Erzieherin   b. Koch   c. Masseur

14

-O,Ö,Q-

Setze diese Wörter an den passenden Stellen ein:

....

Öffnungszeiten	organisieren	Ökologie	Quartal	Quadratmeter
Oberfläche	Qualitätssicherung	Ölindustrie	OP	Ökonomie
Offenheit	ordnungsliebend	Ordner	öffentlich	Qualität Ober
Oberschwester	qualifizierte	obligatorisch	ortsgebunden	

....

1. Dieses Gerät hat eine glänzende, leicht zu reinigende _ _ _ _ _ _ _ _ _ _.

2. Die Abkürzung von Operationssaal: _ _

3. Für die Stelle als Kundenberater sollten Sie Kontaktfreudigkeit und

   _ _ _ _ _ _ _ _ mitbringen.

4. Bestellen Sie bitte für das Büro ein neues Regal, damit die _ _ _ _ _ _

   nicht auf dem Boden stehen müssen.

5. Lass mich die Reise _ _ _ _ _ _ _ _ _ _ _. Ich kann das gut, ich kümmere

   mich um alles, vom Flugticket bis zur Hotelreservierung.

6. Ich finde das nicht zu teuer. Das ist sehr gutes Material.

   _ _ _ _ _ _ _ _ hat ihren Preis.

7. Wir beschäftigen nur _ _ _ _ _ _ _ _ _ _ _ _ Mitarbeiter. Ohne Ausbildung

   können wir Sie nicht einstellen.

8. Waren Sie in diesem _ _ _ _ _ _ _ schon in der Praxis? Nein? Dann bezahlen

   Sie bitte Praxisgebühr.

9. Wie viele _ _ _ _ _ _ _ _ _ _ _ _ hat deine Wohnung? - 70 m²

10. Olga arbeitet in der _ _ _ _ _ _ _ _ _ _ _ _ _ _ _ _ _ _ einer Firma.

Sie testet die fertigen Produkte und stellt sicher, dass keine Fehler oder

Mängel auftreten.

11. Das österreichische Wort für Kellner / Bedienung. _ _ _ _

12. In der Fertigungshalle muss man Sicherheitsschuhe tragen,

das ist _ _ _ _ _ _ _ _ _ _ _ _.

13. Wir suchen einen Mitarbeiter, der nicht _ _ _ _ _ _ _ _ _ _ _ ist.

Er muss bereit sein, in verschiedenen Filialen zu arbeiten.

14. Diese Krankenschwester leitet eine Abteilung im Krankenhaus.

_ _ _ _ _ _ _ _ _ _ _ _ .

15. Die Ausstellung ist _ _ _ _ _ _ _ _ _. Jeder kann hingehen.

16. Unsere _ _ _ _ _ _ _ _ _ _ _ _ sind:

Mo – Fr von 8 – 12 Uhr

Di und Do auch von 14 – 17 Uhr

17. Benzin und Heizöl sind teuer. Die _ _ _ _ _ _ _ _ _ _ _ macht große Gewinne.

18. Wir mögen kein Chaos. Wenn Sie _ _ _ _ _ _ _ _ _ _ _ _ _ _ sind,

können Sie bei uns arbeiten.

19. Wirtschaftswissenschaft: _ _ _ _ _ _ _ _

20. Wissenschaft von der Beziehung zwischen Mensch und Umwelt.

_ _ _ _ _ _ _ _

A. Was passt zusammen? Bilde 6 Wörter.

Qua-   -ge-   -no-   Ö-   -drat   -bun-   -me-   -heit

-ter   -ko-   -mie   Qua-   orts-   -schwes-   -li-

-tät   O-   -ter   -den   Of-   -ber   -fen-

1. ....   2. ....

3. ....   4. ....

5. ....   6. ....

B. Wie heißt das Wort? Schreibe das Wort. Verwende alle Buchstaben.

1. Meine Wohnung hat 60. (redraQuatmet) ....

2. Das muss man machen. Das ist ...(bliogaritosch) ....

3. Die Wissenschaft von der Umwelt. (loÖgieko) ....

4. Vierteljahr (larQuat) ....

C. Ist das richtig oder falsch? Kreuze r oder f an.

1. Es gibt Ölindustrie in Saudi-Arabien.   r/f

2. Alle Kinder sind ordnungsliebend.   r/f

3. Dokumente bewahrt man im Ordner auf.   r/f

4. Gute Qualität ist immer billig.   r/f

5. Die Oberschwester ist die Chefin.   r/f

6. In jedem Quartal bezahlt man Praxisgebühr.   r/f

15

-P-

Setze diese Wörter an den passenden Stellen ein:

....

Polizist   Personalausweis   Parkplatz   Presse   pünktlich   Portion

Privatadresse   Protokoll   Produkt   praktisch begabt   Paketdienst

Postfach   Praktikum   persönlich   Personalbogen   Probezeit

Putzfrau   produzieren   Prospekt   Personalchef

....

1. Wo kann ich mein Auto hinstellen? Hier auf den _ _ _ _ _ _ _ _ _.

2. Senden Sie mir das Angebot an die Firmenadresse, nicht an meine

   _ _ _ _ _ _ _ _ _ _ _ _ _.

3. Sie bewerben sich für die Stelle als Hausmeister. Ich hoffe, Sie sind

   _ _ _ _ _ _ _ _ _   _ _ _ _ _ _ und können auch kleinere Reparaturen selbst

   machen.

4. Bitte senden Sie den Brief an mein _ _ _ _ _ _ _ _ , dort kann ich ihn dann

   abholen.

5. Du darfst den Brief nicht öffnen! Er ist an den Chef adressiert, mit der

   Aufschrift: „_ _ _ _ _ _ _ _ _!"

6. Sie möchten Pommes frites? Ja, eine kleine _ _ _ _ _ _ _, bitte!

7. Sie können nächsten Monat bei uns anfangen. Füllen Sie bitte den

   _ _ _ _ _ _ _ _ _ _ _ _ aus.

8. Das ist ein Beruf. Diese Person ist für die Sicherheit und Ordnung im

   Land zuständig. _ _ _ _ _ _ _ _

9. Eine Arbeitsstelle haben wir zur Zeit nicht frei. Sie können aber ein

   _ _ _ _ _ _ _ _ _ bei uns machen.

10. Lisa ist Sekretärin. Bei der Teamsitzung muss sie ein _ _ _ _ _ _ _ _ _

    schreiben. Darin steht, was besprochen wurde.

11. Unsere Firma bringt ein neues _ _ _ _ _ _ _ auf den Markt. Hoffentlich

    verkauft es sich gut.

12. Walter ist _ _ _ _ _ _ _ _ _ _ _ bei Firma Siemens. Er stellt neue

    Mitarbeiter ein und kümmert sich um alle Fragen des Personals.

13. Als Deutscher solltest du ihn immer dabei haben. Dann kannst du deinen

    Namen, deine Adresse und dein Alter beweisen. _ _ _ _ _ _ _ _ _ _ _ _ _ _

14. Die berühmte Schauspielerin hat zum vierten Mal geheiratet. Die _ _ _ _ _ _

    berichtet darüber mit vielen Fotos.

15. Ein anderes Wort für Reinigungskraft oder Raumpflegerin. _ _ _ _ _ _ _ _

16. Ein anderes Wort für Broschüre oder Flyer. _ _ _ _ _ _ _ _

17. Die Firma stellt Sportkleidung her. In Zukunft will sie auch Reisetaschen

    und Koffer _ _ _ _ _ _ _ _ _ _.

18. Das ist mein neuer Arbeitsvertrag. In den ersten zwei Monaten bin ich

    noch in der _ _ _ _ _ _ _ _. Die Firma oder ich können jederzeit kündigen.

19. Wir beginnen den Unterricht um 8 Uhr. Wenn Sie um 8.30 Uhr kommen,

    sind Sie nicht _ _ _ _ _ _ _ _ _.

20. Ingo arbeitet beim _ _ _ _ _ _ _ _ _ _ _. Er liefert Pakete und Päckchen.

A. Was passt zusammen? Bilde 7 Komposita.

1.	Personal-	A.	-frau
2.	Park-	B.	-adresse
3.	Personal-	C.	-platz
4.	Post-	D.	dienst
5.	Privat-	E.	-bogen
6.	Paket-	F.	-ausweis
7.	Putz-	G.	-fach

B. Ein Wort passt nicht in die Reihe. Markiere es.

a. Parkplatz – Sportplatz – Marktplatz - Arbeitsplatz

b. Polizist – Detektiv – Verbrecher – Politesse

c. Postfach – Privatadresse – Firmenadresse – Briefmarke

d. Presse – Zeitung – Zeitschrift – Leser

e. Personalausweis – Führerschein – Strafzettel – Pass

f. verbrauchen – produzieren – herstellen – machen

C. Finde 10 Wörter im Silbensalat. Markiere sie.

Pro per Por tion tel do Pu Pa ket dienst fe la si per sön lich las den pro

pro du zie ren sen tal dos Per so nal bo gen del bar Pro be zeit zer pso

Per so nal aus weis Sil Pes no der da Pro dukt lun del son pal nom me

res don do Pres se Pa go nal Prak ti kum kan po te pur sel dan do ken

16

-R-

Setze diese Wörter an den passenden Stellen ein:

....

restaurieren   Rechtswissenschaft   Rauchverbot   Rost   Richter

Restaurant   Rückgaberecht   Reinigungskraft   reservieren   Rentner

Rechtsanwalt   Realschule   renovieren   Raststätte   Reklamation

Radiergummi   Retour   Rohstoff   Rauputz   Reinigung

....

1. Ein anderes Wort für Gasthaus. _ _ _ _ _ _ _ _ _ _

2. Er verteidigt Personen vor Gericht. _ _ _ _ _ _ _ _ _ _ _ _

3. Das ist ein Studienfach. Ein anderes Wort für Jura.

   _ _ _ _ _ _ _ _ _ _ _ _ _ _ _ _ _ .

4. Ich bin mit der neuen Kaffeemaschine nicht zufrieden. Sie funktioniert nicht

   richtig. Ich mache eine _ _ _ _ _ _ _ _ _ _ .

5. Ich habe Kleidung beim Versandhaus bestellt. Die Sachen passen nicht.

   Ich will sie zurückschicken. _ _ _ _ _ _

6. Ich habe das Recht, die Ware innerhalb einer bestimmten Frist

   zurückzugeben. _ _ _ _ _ _ _ _ _ _ _ _ _

7. Diese Schule endet mit der 10. Klasse. Man nennt sie auch Mittelschule.

   _ _ _ _ _ _ _ _ _

8. Sie dürfen hier nicht rauchen. Das _ _ _ _ _ _ _ _ _ _ _ gilt für das gesamte

   Gebäude.

9. Er hört die Rechtsanwälte, den Angeklagten und die Zeugen. Dann spricht

   er das Urteil. _ _ _ _ _ _ _

10. Kannst du mir helfen, die neue Wohnung zu _ _ _ _ _ _ _ _ _ _ ? Wir

    tapezieren und streichen am Wochenende.

11. Das alte Bild ist schon etwas beschädigt. Aber ein Fachmann kann es

    _ _ _ _ _ _ _ _ _ _ _ _.

12. Jemand macht zum Beispiel ein Büro oder eine Praxis sauber.

    _ _ _ _ _ _ _ _ _ _ _ _ _ _

13. Ich brauche ihn, wenn ich radieren will. _ _ _ _ _ _ _ _ _ _ _

14. Natürliches Material wie zum Beispiel Holz, Eisen oder Kohle.

    _ _ _ _ _ _ _ _.

15. Meine Jacke kann man nicht mit Wasser waschen. Deshalb bringe ich

    sie zur _ _ _ _ _ _ _ _

16. Wenn ein altes Auto Löcher oder Kratzer hat, bekommt es braune Stellen.

    _ _ _ _

17. Eine Person ist über 65 Jahre alt und muss nicht mehr arbeiten.

    _ _ _ _ _ _ _

18. Das ist außen an den meisten Häusern. _ _ _ _ _ _ _.

19. Dort kann man an der Autobahn halten und Pause machen.

    _ _ _ _ _ _ _ _ _

20. Olaf will am Samstag mit dem Zug nach München fahren.

    Er will einen Platz _ _ _ _ _ _ _ _ _ _ _.

A. Was passt? Kreuze a, b oder c an.

1. Wo darf man nicht rauchen?

a. im Halteverbot   b.im Rauchverbot   c. in der Raucherkneipe

2. Wo kann man tanken?

a. an der Raststätte   b. in der Gaststätte   c. am Imbiss

3. Was muss ein Rechtsanwalt studieren?

a. Ökonomie   b. Ökologie   c. Rechtswissenschaft

4. Wer spricht das Urteil?

a. der Staatsanwalt   b. der Richter   c. der Angeklagte

5. Wo kann Rost sein?

a. auf Stein   b. auf Holz   c. auf Eisen

B. Was passt zusammen? Schreibe die Sätze richtig.

1. Der Richter arbeitet	A. zur Reinigung.
2. Der Rentner muss	B. putzt alle Büros.
3. Ich bringe den Mantel	C. beim Gericht.
4. Im Restaurant	D. nicht mehr arbeiten.
5. Die neue Reinigungskraft	E. bedient der Kellner.

1. ....

2. ....

3. ....

4. ....

5. ....

17

-S-

Setze diese Wörter an den passenden Stellen ein.

....

Sachbearbeiter   Spielgeräte   Sekretärin   Schulabschluss   sensibel

Sitzung   Schutzkleidung   statistisches Bundesamt   sprachbegabt

Schürze   sortieren   selbstständig   Sauberkeit   Smalltalk

Sprachen   sofort   Senioren   Sicherheitsschuhe   Sonderzahlung

Servicekraft

....

1. Mitglieder eines Vereins, einer Abteilung oder eines Lehrerkollegiums sitzen

   zusammen und sprechen über aktuelle Probleme oder Pläne. _ _ _ _ _ _ _

2. Sie arbeitet in einem Büro und ist mit allen Arbeiten vertraut. Sie beantwortet

   das Telefon, schreibt Briefe und verwaltet Daten. _ _ _ _ _ _ _ _ _ _

3. Dieses Amt sammelt Informationen über Wirtschaft, Gesellschaft und Umwelt.

   _ .

4. Jemand ordnet zum Beispiel die Eier nach der Größe.

   _ _ _ _ _ _ _ _

5. Kannst du bitte _ _ _ _ _ _ kommen? Ich brauche dringend Hilfe!

6. Das ist ein englisches Wort und bedeutet ein Gespräch über einfache,

   alltägliche Dinge wie zum Beispiel das Wetter. _ _ _ _ _ _ _ _ _.

7. Ältere Menschen. _ _ _ _ _ _ _ _.

8. Im Bereich der Arbeit bedeutet es, dass ich nicht angestellt bin,

   sondern mein eigener Chef. _ _ _ _ _ _ _ _ _ _ _

9. Manche Menschen sprechen nur eine, andere können zwei oder mehrere

   sprechen. _ _ _ _ _ _ _ _

10. Das hat man, wenn man eine Schule mit normalen Leistungen (mindestens

    Note 4) beendet hat. _ _ _ _ _ _ _ _ _ _ _ _ _

11. Für ein bestimmtes Gebiet ist eine bestimmte Person zuständig, zum Beispiel

    auf dem Finanzamt, auf dem Standesamt usw. _ _ _ _ _ _ _ _ _ _ _ _ _

12. Der Feuerwehrmann braucht sie. Auch der Bauarbeiter. Sie schützt besser

als normale Kleidung. _ _ _ _ _ _ _ _ _ _ _ _ _

13. Sie schützen die Füße. Wenn etwas Schweres darauf fällt, werden die Füße

    nicht verletzt. _ _ _ _ _ _ _ _ _ _ _ _ _ _ _

14. Die Hausfrau zieht sie beim Kochen an. _ _ _ _ _ _ _

15. Diese Eigenschaft muss zum Beispiel ein Dolmetscher haben.

    _ _ _ _ _ _ _ _ _ _ _

16. Manche Arbeitnehmer bekommen Weihnachtsgeld oder Urlaubsgeld.

    _ _ _ _ _ _ _ _ _ _ _

17. Ein Mitarbeiter im Dienstleistungsgewerbe. _ _ _ _ _ _ _ _ _ _ _

18. Das ist eine Eigenschaft einer Person. Deutsche Wörter dafür sind

    „feinfühlig" oder „empfindsam". Diese Menschen können nicht sehr viel Stress

    vertragen. _ _ _ _ _ _ _ _

19. Sie ist sehr wichtig im Haushalt, besonders in der Küche. _ _ _ _ _ _ _ _ _ _

20. Sie stehen auf dem Spielplatz oder im Kindergarten. _ _ _ _ _ _ _ _ _ _ _

A. Ist das richtig oder falsch? Kreuze r oder f an,

1. Auf der Baustelle trägt man Schutzkleidung.   r/f

2. Ab 18 Jahren gehört man zu den Senioren.   r/f

3. Die Küchenhilfe trägt eine Schürze.   r/f

4. Das statistische Bundesamt macht Gesetze.   r/f

5. Smalltalk ist eine Handyfirma.   r/f

6. Der Sachbearbeiter verkauft Sachen.   r/f

B. Wie heißt das Wort? Schreibe das Wort. Verwende alle Buchstaben.

1. Kinder spielen auf dem Spielplatz. (etSpeigelrä) ....

2. Jemand ist nicht angestellt. (ststseläbndig) ....

3. Jemand kann gut Sprachen lernen. (btsparchega) ....

4. Alles ist geputzt. (teiSbauerk) ....

5. Weihnachtsgeld und Urlaubsgeld. (ungSoerndzhal) ....

6. Sie macht alles im Büro. (inSerektär) ....

C. Ein Wort passt nicht in die Reihe. Markiere es.

1. Sekretärin – Bürokauffrau – Telefonistin – Reiseleiterin

2. Sicherheitsschuhe – Tennisschuhe – Helm – Arbeitshandschuhe

3. jetzt – morgen – sofort – gleich

4. Babys – Teenager – Senioren – Schauspieler

5. Schürze – Hemd – Kopf – Bluse

18

-T-

Setze diese Wörter an den passenden Stellen ein:

....

Tiefgarage   Taucher   Tarif   Tierpfleger   Teilzeit   Tanzlehrer

Tabakindustrie   Teigwaren   Tätigkeiten   tolerant   Trockenbau

Tourismus   Tastatur   Trinkgeld   teamfähig   Tipp-Ex   Tablett

Techniker   taktvoll   Telefonistin

....

1. Egon wird von seiner Firma nach _ _ _ _ _ bezahlt. Das heißt, er

   bekommt genau so viel Geld wie die anderen in seinem Beruf.

2. Firmen, die Zigaretten, Zigarren oder Tabak herstellen, nennt man

   zusammen die _ _ _ _ _ _ _ _ _ _ _ _ _ _.

3. Rita kann nicht gut mit anderen zusammenarbeiten. Sie will immer ihre

   eigene Meinung durchsetzen. Sie ist nicht _ _ _ _ _ _ _ _ _.

4. Spanien ist ein Land, das viel _ _ _ _ _ _ _ _ _ hat. Viele Menschen

   machen dort Urlaub.

5. Ich arbeite als _ _ _ _ _ _ _ _ _ _ _ bei Firma Brand. Dort bearbeite ich

   den ganzen Tag die Anrufe der Kunden.

6. Meine Kinder sind noch klein. Ich arbeite nur _ _ _ _ _ _ _ _, weil ich

   auch Zeit für den Haushalt und die Kinder brauche.

7. Kleinere Reparaturen kann ich selbst machen. Wenn aber komplizierte

   Geräte kaputt sind, muss ich einen _ _ _ _ _ _ _ _ _ rufen.

8. Sie waren als Gärtner in Ihrem Heimatland beschäftgt. Welche

   _ _ _ _ _ _ _ _ _ _ haben Sie genau verrichtet?

9. Mein Sohn macht ein Praktikum im Zoo. Er möchte vielleicht

   _ _ _ _ _ _ _ _ _ _ werden.

10. Ich schreibe diesen Satz auf dem Computer. Ich drücke die Buchstaben

    auf der _ _ _ _ _ _ _ _.

11. In unserer Klasse sind Menschen aus fünf verschiedenen Ländern.

    Alle sind _ _ _ _ _ _ _ _ und respektieren sich gegenseitig.

12. Den Innenausbau eines Hauses bis zum Tapezieren und Streichen

    nennt man _ _ _ _ _ _ _ _ _.

13. Der Schüler hat ein Wort falsch geschrieben. Deshalb benützt er jetzt

    _ _ _ _ - _ _ und schreibt das Wort dann nochmal neu.

14. Eine Parkmöglichkeit unter der Erde. _ _ _ _ _ _ _ _ _ _

15. Der Kellner stellt Gläser und Teller auf ein _ _ _ _ _ _ _.

16. Spaghetti, Makkaroni, Rigatoni usw nennt man _ _ _ _ _ _ _ _ _

17. Dora hat zugenommen. Ich will sie fragen, wie viel sie jetzt wiegt.

    Das ist aber nicht _ _ _ _ _ _ _ _.

18. Das ist ein Beruf. Jemand gibt Tanzkurse. _ _ _ _ _ _ _ _ _ _

19. Wir sitzen im Restaurant. Wir haben etwas gegessen und möchten

    bezahlen. Zu dem Betrag gibt man etwa 10 % _ _ _ _ _ _ _ _ _

    für die Bedienung.

20. Das ist ein Beruf. Der Arbeitsplatz ist das Meer. Jemand taucht auf den

    Meeresgrund, zum Beispiel um Reparaturen an Schiffen zu machen oder

    Perlen zu suchen. _ _ _ _ _ _ _

A. Was passt zusammen? --Bilde 5 Wörter.

Tou-	Tech-	-tig-	Te-	-ni-	-ris-	Tä-
-ten	-ker	-kei-	-mus	-fo-	-le-	
Tas-	-nis-	-tin	-ta-	-tur		

1-.................................   2. ....

3. ....   4. ....

5. ....

B. Ein Wort passt nicht in die Reihe. Markiere es.

1. Fisch – Meer – Taucher – Taube

2. Monitor – Fernseher – Rechner – Tastatur

3. Teigwaren – Backwaren – Tabakwaren – Warenhaus

4. Teamarbeit – Gruppenarbeit – Schwerarbeit – Zusammenarbeit

5. Parkplatz – Marktplatz – Tiefgarage – Parkhaus

C. Was passt? Kreuze a, b oder c an.

1. Mit Tipp-Ex kann man

a. Fehler korrigieren   b. Wäsche waschen   c. Telefonieren

2. Das Tablett braucht man zum

a. Sortieren   b. Renovieren   c. Servieren

3. Auf der Tastatur kann man

a. wippen   b. tippen   c. hämmern

19

-U, Ü, V-

Setze diese Wörter an den passenden Stellen ein:

....

Umsatz   VHS   überweisen   Vortrag   Überstunden   Vertrag

Verfallsdatum   unterschreiben   unpünktlich   Vorstellungsgespräch

Vereinbarung   Vorschule   Verkäufer   Urlaubsantrag   Verlag

umweltfreundlich   Verdienstabrechnung   verantwortlich   unzulässig

Übersetzung

....

1. Bitte _ _ _ _ _ _ _ _ _ _ Sie den Rechnungsbetrag innerhalb von 14 Tagen.

2. Sind die Eier frisch? Ja, auf der Packung steht das _ _ _ _ _ _ _ _ _ _ _ _ _.

3. Ich habe zehn Bewerbungen verschickt. Zwei Firmen haben mich zu einem

   _ _ _ _ _ _ _ _ _ _ _ _ _ _ _ _ _ _ _ eingeladen.

4. Die Abkürzung für Volkshochschule. _ _ _

5. Was macht dein Sohn beruflich? -Er ist _ _ _ _ _ _ _ _ _ in einem Autohaus.

   Er berät Kunden und macht Probefahrten mit ihnen.

6. Gestern war ich bei einem _ _ _ _ _ _ _ über gesunde Ernährung. Ein

   Fachmann hat gesprochen, das war sehr interessant.

7. Kommst du mit nach Italien im August? -Ich weiß noch nicht, ich muss zuerst

   einen _ _ _ _ _ _ _ _ _ _ _ _ stellen.

8. Unsere Umwelt leidet unter den Abgasen der Autos. Es ist

   _ _ _ _ _ _ _ _ _ _ _ _ _ _ _ _ , wenn man mit dem Fahrrad fährt.

9. Lena ist Buchhalterin. Sie ist _ _ _ _ _ _ _ _ _ _ _ _ _ _ _ dafür, dass

ihre Berechnungen stimmen.

10. Der Kaufvertag für Ihr neues Auto ist fertig. Sie müssen ihn nur noch

_ _ _ _ _ _ _ _ _ _ _ _ _ .

11. Das gesamte Geld, das eine Firma oder ein Geschäft einnimmt. _ _ _ _ _ _

12. Wir können uns heute Abend leider nicht treffen. Ich habe in der Firma

so viel zu tun, ich muss _ _ _ _ _ _ _ _ _ _ machen.

13. Mia geht noch nicht in die Schule, aber sie besucht einmal in der Woche

die _ _ _ _ _ _ _ _ .

14. Wie viel Steuern und Sozialabgaben du bezahlst, das steht auf deiner

_ _ _ _ _ _ _ _ _ _ _ _ _ _ _ _ _ .

15. Wenn man eine Versicherung abschließt, ein Arbeitsverhältnis beginnt oder

ein Auto kauft, macht man einen _ _ _ _ _ _ _ . Darin steht, welche Rechte

und Pflichten jeder Geschäftspartner hat.

16. Peter ist Redakteur bei einem großen _ _ _ _ _ _ . Er wählt Beiträge aus oder

schreibt auch selbst.

17. Zwei Geschäftspartner einigen sich über Regeln in ihrer Zusammenarbeit.

Diese Regeln stehen in einer _ _ _ _ _ _ _ _ _ _ _ .

18. Ein anderes Wort für „nicht erlaubt". _ _ _ _ _ _ _ _ _ _

19. Rolf hat eine Abmahnung bekommen, weil er immer wieder

_ _ _ _ _ _ _ _ _ _ _ war. Er ist fast jeden Tag zu spät gekommen.

20. Wenn Ihre Zeugnisse auf Russisch geschrieben sind, brauchen wir

natürlich eine _ _ _ _ _ _ _ _ _ _ _ auf Deutsch.

A. Was passt zusammen? Schreibe die Sätze richtig.

1. Die VHS bietet		A. Manuskript an den Verlag.
2. Bitte überweisen Sie		B. dem Kunden das Gerät.
3. Mein Mann macht		C. auch Deutschkurse an.
4. Der Verkäufer erklärt		D. ein Vorstellungsgespräch.
5. Ich schicke ein		E. heute Überstunden.
6. Morgen um 15 Uhr habe ich		F. das Geld auf unser Konto.

1. ....

2. ....

3. ....

4. ....

5. ....

6. ....

B. Ein Wort passt nicht in die Reihe. Markiere es.

1. überweisen – abheben – einzahlen – abschreiben

2. unhöflich – unangenehm – unterschrieben - unpünktlich

3. Mietvertrag – Arbeitsvertrag – vertragen – Kaufvertrag

4. Rede – Vortrag – Gespräch – Film

5. Bewerbung – Chef - Anschreiben – Vorstellungsgespräch

20

-W, Z-

Setze diese Wörter an den passenden Stellen ein:

....

Werbung   zuständig   Zentrale   Zahlungsverkehr   Zeitschrift

Winterdienst   Werdegang   Zulieferer   Zimmermädchen   zahlbar

zuverlässig   Zeugnis   Weiterbildung   Zeitung   Zubehör

Zimmermann   Währung   Wirtschaftswachstum   Werkstatt   Waren

....

1. Beim Straßenverkehr fahren Autos hin und her.

   Beim _ _ _ _ _ _ _ _ _ _ _ _ _ _ _ _ fließt Geld hin und her.

2. Das ist eine Charaktereigenschaft eines Menschen. Man kann sich

   auf diese Person verlassen. _ _ _ _ _ _ _ _ _ _ _

3. Das ist ein Beruf. Jemand arbeitet im Hotel und macht die Zimmer

   sauber. Meistens ist es eine Frau. _ _ _ _ _ _ _ _ _ _ _ _ .

4. Ich möchte gern einen neuen Personalausweis beantragen. Wer ist

   dafür _ _ _ _ _ _ _ _ _? In welches Zimmer muss ich gehen?

5. Sie kommt täglich neu und manche Leute lesen sie immer beim

   Frühstück. _ _ _ _ _ _ _

6. Sie kommt einmal in der Woche oder einmal im Monat heraus.

   Beim Arzt im Wartezimmer lese ich sie immer. _ _ _ _ _ _ _ _ _ _ _

7. Jemand liefert Waren an ein Geschäft oder an eine Firma. _ _ _ _ _ _ _ _ _ _

8. Ich habe ein Gerät gekauft, zum Beispiel eine Kamera. Dazu gehören noch

einige Dinge wie Kabel, Ladegerät, usw. _ _ _ _ _ _ _

9. Die _ _ _ _ _ _ _ in der Türkei heißt Lira.

10. In der Bewerbung im Lebenslauf schreibt man etwas über den

schulischen und den beruflichen _ _ _ _ _ _ _ _ _.

11. Man bekommt es zweimal im Jahr in der Schule. _ _ _ _ _ _ _

12. Ein anderes Wort für Fortbildung. _ _ _ _ _ _ _ _ _ _ _ _

13. Das produziert eine Firma. _ _ _ _ _

14. Die Wirtschaft eines Landes wächst. _ _ _ _ _ _ _ _ _ _ _ _ _ _ _ _ _ _

15. Eine Firma möchte, dass viele Leute ihre Produkte kaufen. Deshalb macht

sie im Fernsehen, in Zeitschriften und auf Plakaten _ _ _ _ _ _ _.

16. Ich habe eine Rechnung bekommen. Darauf steht:

_ _ _ _ _ _ _ bis zum 31. 03.. Was heißt das? -

Du musst bis Ende des Monats bezahlen.

17. Der Schreiner arbeitet in einer _ _ _ _ _ _ _ _ _. Dort stehen seine

Maschinen.

18. Der _ _ _ _ _ _ _ _ _ _ macht das Gerüst für das Dach. Der Dachdecker

legt dann die Ziegel darauf.

19. Ich weiß die Durchwahl zu Frau Weber nicht. Ich rufe einfach in der

_ _ _ _ _ _ _ _ an. Die können mich verbinden.

20. Ali ist beim _ _ _ _ _ _ _ _ _ _ _ _ der Stadt. Wenn es schneit, fährt er

Räumungsfahrzeuge und streut Salz auf den Straßen.

A. Was passt zusammen? Schreibe die Sätze richtig.

1. In der Kaffeepause	A. macht täglich die Betten.
2. Der Schreiner arbeitet	B. die Straßen von Schnee.
3. Alle Schüler bekommen	C. lese ich Zeitung.
4. Frau Meier ist für	D: in der Werkstatt.
5. Der Winterdienst befreit	E. ein Zeugnis.
6. Das Zimmermädchen	F. Reklamationen zuständig.

1. …………………………………………………………………………………………

2. …………………………………………………………………………………………

3. …………………………………………………………………………………………

4. …………………………………………………………………………………………

5. …………………………………………………………………………………………

6. …………………………………………………………………………………………

B. Was passt? Kreuze a, b oder c an.

1. Die Währung in Deutschland heißt

a. D-Mark   b. Euro   c. Dollar

2. Der berufliche Werdegang steht

a. in der Zeitung   b. im Lebenslauf   c. auf der Postkarte

3. Die beste Note im Zeugnis ist

a. 1   b. 5   c. 4

Zielgruppe:

Deutschlerner in berufsbezogenen Kursen, Lerner mit Migrationshintergrund, deutsche Jugendliche und Erwachsene mit geringem Wortschatz.
Die Sprache ist so einfach wie möglich gehalten. Die Erklärungen und Einsetzübungen sind auf einfacherem Niveau als die Wörter selbst,

Inhalte:

Insgesamt 400 berufsrelevante Wörter werden in diesem Übungsbuch trainiert. Es wurden Wörter aus folgenden Themenkreisen aufgenommen:
Berufe, Branchen, Arbeitsplatz, Arbeitsrecht, Bildung und Ausbildung, Zahlungsverkehr, Korrespondenz, Wirtschaft, berufsbezogene Eingenschaften, Bewerbung, Stellenanzeige, Firma, Produktbeschreibung, Verkauf, Werbung, Büro, Computer

Didaktische Überlegungen:

In die Übungen sind Wiederholungen eingebaut, das heißt, dass z. B. Synonyme doppelt vorkommen und ähnliche Situationen gewählt wurden, in denen jeweils andere Wörter fehlen. Berufswortschatz ist umfangreich und schwer zu lernen, Wiederholungen helfen dabei.
Die Aufgaben werden für die Lerner erleichtert, weil zwei Hilfen geboten werden: der Anfangsbuchstabe ist bekannt 2. die Anzahl der Striche entspricht der Anzahl von fehlenden Buchstaben. Dadurch können Teilnehmer die Aufgaben erfolgreich bewältigen, auch wenn sie noch nicht sicher im Wortschatz sind.
Als Abschluss gibt es zu jeder Übungsgruppe eine Rätsel- und Übungsseite.

Vorschläge für den Einsatz im Unterricht:

Die 20 Wörter werden zuerst an die Tafel geschrieben und besprochen. Dann erst teilt der Kursleiter die Einsatzübung aus. Die Lerner können allein arbeiten oder sich in Kleingruppen beraten, je nach Stufe und Kenntnisstand. Dann werden die fertigen Sätze gelesen, evtl. noch kommentiert. Die Rätsel- und Übungsseite kann am nächsten Unterrichtstag als Wiederholung eingesetzt werden.
Selbstlerner: Durch den Lösungsteil eignet sich das Übungsbuch auch zum Selbstlernen.

Abschlusstest 1

1. Das Arbeitsklima in einer Firma bedeutet

a. die Temperatur   b. das Verhältnis der Kollegen   c. die Bezahlung

2. Man kann eine Abmahnung bekommen

a. wegen Unpünktlichkeit   b. wegen Krankheit   c. wegen Übergewicht

3. Wer erstellt die Bilanz?

a. der Abteilungsleiter   b. der Außendienst   c. der Buchhalter

4. Wie nennt man eine Kellnerin auch?

a. Madame   b. Bedienung   c. Prinzessin

5. Wie nennt man preiswerte Geschäfte?

a. Shop   b. Filiale   c. Discounter

6. Wo werden Waren an Privatpersonen verkauft?

a. im Einzelhandel   b.im Großhandel   c. im Zwischenhandel

7. Wer hat eine Ausbildung gemacht?

a. die Fachkraft   b. die Aushilfe   c. der Praktikant

8. Wer vertritt die Interessen der Arbeitnehmer?

a. der Chef   b. die Gewerkschaft   c. der Arbeitgeberverband

9. Wie nennt man Häuser, Grundstücke und Wohnungen?

a. Hausverwaltung   b. Immobilien   c. Miete

10. Was bedeutet kurzfristig?

a. möglichst schnell   b. möglichst langsam   c. nächstes Jahr

11. Ein Inserat findet man

a. in der Küche   b. in der Zeitung   c. im Arbeitsvertrag

12.   Was bedeutet obligatorisch?

a. Man darf etwas tun.   b. Man muss etwas tun.   c. Das ist verboten.

13.   Wie nennt man Menschen, die in einem anderen Land leben

als sie geboren sind?

a. Migranten   b. Reisende   c. Touristen

14.   Wer arbeitet beim Gericht?

a. der Koch   b. der Lehrer   c. der Richter

15.   Wer kann in der Probezeit kündigen?

a. der Arbeitgeber   b. der Arbeitnehmer   c. beide

16.   Wer arbeitet auf Honorarbasis?

a. ein Angestellter   b. ein Selbstständiger   c. ein Azubi

17.   Wie heißt Weihnachtsgeld und Urlaubsgeld?

a. Festgeld   b. Bußgeld   c. Sonderzahlung

18.   Was ist ein anderes Wort für Nudeln?

a. Kurzwaren   b. Teigwaren   c. Wurstwaren

19. Wo kann man am Tag und auch am Abend Kurse besuchen,

in Sprachen, Sport, Kunst und vielen anderen Gebieten?

a. Grundschule   b. Volkshochschule   c. Realschule

20.   Wie heißt die Währung in den USA?
a. Lira   b. Dollar   c. Peseten

Abschlusstest 2

1. Wer hat viel Ausdauer?

a. Jemand, der kräftig ist.   b. Jemand, der lange arbeiten kann.

c. Jemand, der schnell fertig ist.

2. Welchen Abschluss braucht man, um an der Universität zu studieren?

a. Realschulabschluss   b. Hauptschulabschluss   c. Abitur

3. Wo beraten sich die Chefs einer Firma?

a. in der Besprechung   b. in der Behandlung   c. in der Kabine

4. Welches Wort bedeutet das Gleiche wie Firma?

a. Besteck   b. Behandlung   c. Betrieb

5. Welche Papiere zählen zu den Dokumenten?

a. eine Rechnung   b. ein Führerschein   c. ein Einkaufszettel

6. Jemand arbeitet schnell und gründlich. Wie nennt man das?

a. tolerant   b. obligatorisch   c. effizient

7. Jemand hat eine Berufsausbildung und will in seinem Beruf etwas Neues lernen. Er macht

a. eine Fortbildung   b. eine Fortsetzung   c. eine Lehre

8. Wer arbeitet im Lager?

a. ein Gabelstaplerfahrer   b. ein Fliesenleger   c. ein Verkäufer

9. Was muss jeder Motorradfahrer tragen?

a. einen Spezialschuh   b. einen Helm   c. einen Jogginganzug

10.   Wer repariert oder installiert Wasserleitungen?

a. der Installateur   b. der Schlosser   c. der Maler

11.   Wie nennt man Briefe, die verschickt und beantwortet werden?

a. Korrespondenz   b. Konferenz   c. Grußformel

12.   Wer bringt Waren zu einem Supermarkt?

a. ein Kassierer   b. ein Abteilungsleiter   c. ein Lieferant

13.   Wann arbeitet man in der Nachtschicht?

a. von 14 – 22 Uhr   b. von 22 – 6 Uhr   c. von 6 bis 14 Uhr

14.   Die Wissenschaft von der Beziehung zwischen Mensch und Umwelt.

a. Ökologie   b. Jura   c. Physik

15.   Was muss ich beim Beginn einer neuen Arbeitsstelle ausfüllen?

a. eine Beurteilung   b. einen Personalbogen   c. einen Antrag

16.   Was muss ich machen, wenn ich mit einem Kauf nicht zufrieden bin?

a. eine Quittung   b. eine Rechnung   c. eine Reklamation

17.   Was macht ein Sachbearbeiter?

a. Er verschickt Waren.   b. Er beantwortet Fragen zu einem bestimmten Thema.   c. Er liefert Material.

18.   Was bedeutet „tolerant"?

a. verständnissvoll für andere Kulturen   b. wütend   c. leise

19.   Was ist umweltfreundlich?

a. Ich kaufe Gemüse vom Markt.   b. Ich kaufe Bohnen aus Ägypten.
    c. Ich kaufe Äpfel aus Argentinien.
20.   Wer macht im Hotel die Zimmer sauber?
a. der Kellner   b. das Zimmermädchen   c. der Fensterputzer

Lösungen

1. A, **Seite 3-4-5**
1.Aushilfe 2. Arbeitskollege   3. Azubi   4. arbeitssuchend 5. Ausbildung
6. Arbeitsklima 7. anklicken 8. Abzüge 9. Akkord 10. Abteilung   11.
Altenpflegerin 12. Arbeitsvertrag 13. Ausdauer 14. Arbeitgeber
15.Absage 16. automatisch 17. absetzen 18. Aktien 19. Anschreiben
20. Aktenordner

Übungsseite:
A. 1.b 2.c 3.a 4.b 5.b
B. 1.r 2.f 3.f 4.r 5.r
C.Abteilung, Aushilfe, automatisch, Anschreiben, Arbeitgeber,
Aktenordner, Arbeitsklima, Arbeitsvertrag

2. A, **Seite 6-7-8**
1.Abitur 2.Aufenthaltserlaubnis 3.Anfahrt 4.Angebot 5.Anzeige
6.aromatisch 7.Ablage 8.Anfrage 9.Agentur 10.Arge
11.Ambitionen 12.Autoindustrie 13.Antwortbogen 14.Architekt
15.Angestellter 16.Anrede 17.aufgeschlossen 18.Abmahnung
19.Argument 20.Auskunft

Übungsseite:
A. Argument, Anfrage, Antwortbogen, Agentur, Ablage
B. 1.C 2.D 3. E 4.B 5.A

3. B, **Seite 9-10-11**
1.Brutto- 2.Beamter 3.Bargeld 4.bedauern 5.Besprechung
6.Broterwerb 7.Bankgeheimnis 8.Bürgermeister 9.bedanken
10.Bauamt 11.Bußgeld 12.Bestechung 13.Bilanz 14.Bewerbung
15.Begrüßung 16.Bezahlung 17.bodenständig 18.Beurteilung
19.Berater 20.Bedarf

Übungsseite:
A. Bankgeheimnis, Bußgeld, Bürgermeister, Broterwerb
B. Bilanz, Bauamt, Bargeld, Begrüßung, Bewerbung
   C. a.Bürgermeister b.Broterwerb c.Päckchen d.Bestechung
e.Arbeitgeber

4. B, **Seite 12-13-14**

1.buchstabieren 2.Bedienung 3.beglaubigt 4.beliebt 5.befristet
6.Betrieb 7.Bäcker 8.Baulöwe 9.Branche 10.bearbeiten
11.Bauarbeiter 12.Betriebswirtschaft 13.beeinflussen 14.Betriebsrat
15.Börse 16.beeindrucken 17.Bürokauffrau 18.belastbar
19.Buchhalter 20.Bericht

Übungsseite:
A. 1.a 2.b 3.c 4.c 5.b
B. 1.r 2.f 3.r 4.r 5.f 6.r 7.f

5.D **Seite 15-16-17**

1.Danksagung 2.Deckblatt 3.Differenz 4.Dachdecker 5.Drucker
6.Durchhaltevermögen 7.Dreher 8.darstellen 9.durchfallen
10.Dokumente 11.Dienstleistung 12.dauerhaft 13.delegieren
14.Duden 15.dauern 16.druckfrisch 17.Direktion 18. Discounter
19.Dübel 20.Dichte

Übungsseite:
A. 1.C 2.D 3.E 4.A 5.B
B. 1.Verkäufer 2.Schraube 3.Personalbüro 4.Roman 5.Ärger
6.Schreibtisch 7.Arbeiter

6.E **Seite 18-19.20**

1.Entgelt 2.erwünscht 3.Einkommensteuererklärung 4.exportieren
5.essbar 6.eintragen 7.E-mail 8.Ein-Euro-Job 9.Enter 10.erwerben
11.Erziehungsurlaub 12.effizient 13.Einzelhandel 14.elegant
15.Ergebnis 16.Elektronik 17.echt 18.erstklassig 19.Erzieherin
20.Einkommen

Übungsseite:
A. Ergebnis, eintragen, essbar, elegant, exportieren, Elektronik,
erwerben, Einzelhandel, Einkommen, erstklassig
B. 1.D 2.E 3.F 4.B 5.A 6.C
  C. 1.exportieren 2.Erzieherin 3.Einzelhandel 4.Elektronik

7.F Seite 21-22-23
1.Fliesenleger   2.Finanzierung   3.Fachkraft   4.fristgerecht
5.Fremdwort 6.Fotokopie 7.Fassungsvermögen 8.Fachabitur
9.Finanzamt 10.Fortbildung 11.Festgeld 12.Förderung 13.Festplatte
14.Fabrikhalle 15.Formatierung 16.Förderschule 17.Fußnote
18.Forderung 19.Fluggesellschaft 20.Festanstellung

Übungsseite:
A. 1.a 2.b 3.c 4.b 5.a
B.   Fachkraft, Fußnote, Fotokopie, Fachabitur, Fliesenleger,
Fluggesellschaft, Fabrikhalle

8.G Seite 24-25-26
1.Gutschrift 2.Geldanlage 3.Grundschule 4.gründlich 5.Gastarbeiter
6.Guthaben   7.GmbH   8.Geburtsort   9.Gründung
10.Gabelstaplerfahrer 11.Gastgewerbe 12.Gebäudereiniger
13.geehrte 14.Gewerkschaft 15.garantieren 16.Grundgesetz
17.Gläubiger 18.Gehalt 19.Großhändler 20.günstig

Übungsseite:
A. 1.Hundeschule 2.teuer 3.Allzweckreiniger 4.Halteverbot
     5.Lagerarbeiter 6.Kindergarten
B. 1.r 2.r 3.f 4.f 5.r 6.r
    C. 1.Grundschule 2.Geburtsort 3.Großhändler 4.Gehalt
5.Gebäudereiniger

9. H Seite 27 -28 -29
1.Haltbarkeitsdatum 2.Heilberufe 3.höflich 4.Hilfefunktion
5.Handelskette 6.Honorarbasis 7.Hochschule 8.Helm 9.Hundefrisör
10.Hausarzt 11.Hausmann 12.Handschuhe 13.Helfer
14.Herausforderung 15.Holzbranche 16.Hausbesuche 17.Hacker
18.Hacke 19.herstellen 20.Hauptschulabschluss

Übungsseite:
A. 1.C 2.D 3.E 4.A 5.F 6.B
B. Hundefrisör, Hausbesuche, Helfer, Handelskette, Honorarbasis

10. I,J **Seite 30-31-32**

1.IHK 2.Ingenieur 3.Imker 4.intern 5.Inserat 6.Industriekaufmann
7.Immobilien 8.Installateur 9.Jobcenter 10.Jäger
11.Jungunternehmer 12.Inventur 13.Inhaber 14.Innendienst.
15.Instrumente 16.international 17.inklusive 18.jobben
19.Internetshop 20.jährlich

Übungsseite:
A. 1.b 2.a 3.c 4.b 5.a
B. 1.C 2.D 3.E 4.B 5.F 6.A

11.K **Seite 33-34-35**

1.Krankenschwester 2.Konkurrenz 3.kurzfristig 4.Konferenz
5.kaufmännische 6.Kasse 7.Kleinunternehmer 8.Kantine
9.Kaffeepause 10.Korrespondenz 11.Kreditkarte 12.Kunde
13.kundenfreundlich 14.Krankmeldung 15.kontrollieren 16.Karriere
17.Kenntnisse 18.Kündigung 19.kassieren 20.Kreditinstitut
Übungsseite:
A. 1.Apotheke 2.Tanzen 3.Klasse 4.langfristig 5.Hausfrau
    6.Teamarbeit 7.Kündigung
B. 1.B 2.D 3.E 4.F 5.A 6.C

12.L Seite 36-37-38

1.laminieren 2.Lager 3.Lektor 4.Laserdrucker 5.Lehrberufe
6.lieferbar 7.Lebenslauf 8.Lehrling 9.leistungsbereit
10.Lebensmittelfiliale 11.Lieferant 12.Langzeilarbeitsloser
13.Lohnnebenkosten 14.Lebensunterhalt 15.löschen 16.lackieren
17.Leiter 18.Landwirt 19.Lexikon 20.Laufzeit

Übungsseite:
A. Laufzeit, Lager, Lebenslauf, Lektor, Lebensunterhalt, laminieren,
    Leiter, Landwirt, lieferbar, Lohnnebenkosten
B. 1.Lektor 2.Landwirt 3.Lager 4.Lehrling 5.Lexikon 6.laminieren
    C. Lebenslauf, Lebensunterhalt, Landwirt, Langzeilarbeitsloser,
Lohnnebenkosten, Lebensmittelfiliale, Lehrberufe, Lagerarbeiter

13. M,N   **Seite 39-40-41**

1.neuartig 2.Nebenjob 3.naturverbunden 4.Nähstube 5.Nachrichten-
sprecher 6.Nebenkosten 7. Notizen 8.Mittagspause 9.Mutterschutz
10.Maurer 11.Masseur 12.Maus 13.markieren 14.Münze
15.Mindestlohn 16.Mitteilung 17.Migranten 18.Marketing
19.Nachtschicht 20.Meeting

Übungsseite:
A. 1.C 2.E 3.B 4.F 5.A 6.D
B. 1.b 2.a 3.c

14. O;Ö;Q   **Seite 42-43-44**

1.Oberfläche 2.OP 3.Offenheit 4.Ordner 5.organisieren 6.Qualität
7.qualifizierte 8.Quartal 9.Quadratmeter 10.Qualitätssicherung
11.Ober 12.obligatorisch 13.ortsgebunden 14.Oberschwester
15.öffentlich 16.Öffnungszeiten 17.Ölindustrie 18.ordnungsliebend
19.Ökonomie 20.Ökologie

Übungsseite:
A. Oberschwester, Offenheit, Quadratmeter, Ökonomie, Qualität,
    ortsgebunden
B. 1.Quadratmeter 2.obligatorisch 3.Ökologie 4.Quartal
    C. 1.r 2.f 3.r 4.f 5.r 6.r

15. P   **Seite 45-46-47**

1.Parkplatz 2.Privatadresse 3.praktisch begabt 4.Postfach .persön-
lich 6.Portion 7.Personalbogen 8.Polizist 9.Praktikum 10.Protokoll
11.Produkt 12.Personalchef 13.Personalausweis 14.Presse
15.Putzfrau 16.Prospekt 17.produzieren 18.Probezeit 19.pünktlich
20.Paketdienst

Übungsseite:
A. 1.F 2.C 3.E 4.G 5.B 6.D 7.A
B. a.Arbeitsplatz b.Verbrecher c.Briefmarke d.Leser e.Strafzettel
    f.verbrauchen
    C. Portion, Paket, persönlich, produzieren, Personalbogen, Probezeit,
Personalausweis, Produkt, Presse, Praktikum

16. R **Seite 48-49-50**
1.Restaurant   2.Rechtsanwalt   3.Rechtswissenschaft   4.Reklamation
5.Retour   6.Rückgaberecht   7.Realschule   8.Rauchverbot   9.Richter
10.renovieren   11.restaurieren   12.Reinigungskraft   13.Radiergummi
14.Rohstoff   15.Reinigung   16.Rost   17.Rentner   18.Rauputz
19.Raststätte   20.reservieren

Übungsseite:
A.   1.b   2.a   3.c   4.b   5.c
B.   1.C   2.D   3.A   4.E   5.B

17.S **Seite 51-52-53**
1.Sitzung   2.Sekretärin   3.statistisches Bundesamt   4.sortieren
5.sofort   6.Smalltalk   7.Senioren   8.selbstständig   9.Sprachen
10.Schulabschluss   11.Sachbearbeiter   12.Schutzkleidung
13.Sicherheitsschuhe   14.Schürze   15.sprachbegabt
16.Sonderzahlung   17.Servicekraft   18.sensibel   19.Sauberkeit
20.Spielgeräte

Übungsseite:
A.   1.r   2.f   3.r   4.f   5.f   6.f
B.1.Spielgeräte   2.selbstständig   3.sprachbegabt   4.Sauberkeit
5.Sonderzahlung   6.Sekretärin
C.1.Reiseleiterin   2.Tennisschuhe   3.morgen   4.Schauspieler 5. Kopf

18 T **Seite 54-55-56**
1.Tarif   2.Tabakindustrie   3.teamfähig   4.Tourismus   5.Telefonistin
6.Teilzeit   7.Techniker   8.Tätigkeiten   9.Tierpfleger   10.Tastatur
11.tolerant   12.Trockenbau   13.Tipp-Ex   14.Tiefgarage   15.Tablett
16.Teigwaren   17.taktvoll   18.Tanzlehrer   19.Trinkgeld   20.Taucher
Übungsseite:
A. Tourismus, Tastatur, Techniker, Tätigkeiten, Telefonistin
B. 1.Taube   2. Fernseher   3. Warenhaus   4.Schwerarbeit   5.Marktplatz
C. 1.a   2.c   3.b

19 U;Ü;V   Seite 57-58-60

1.überweisen 2.Verfallsdatum 3.Vorstellungsgespräch 4.VHS
5.Verkäufer 6.Vortrag 7.Urlaubsantrag 8.umweltfreundlich
9.verantwortlich 10.unterschreiben 11.Umsatz 12.Überstunden
13.Vorschule 14.Verdienstabrechnung 15.Vertrag 16.Verlag
17.Vereinbarung 18.unzulässig 19.unpünktlich 20.Übersetzung

Übungsseite:
A. 1.C 2.F 3.E 4.B 5.A 6.D
B. 1.abschreiben 2.unterschrieben 3.vertragen 4.Film 5.Chef

20.W,Z   Seite 61-62-63

1.Zahlungsverkehr 2.zuverlässig 3.Zimmermädchen 4.zuständig
5.Zeitung 6.Zeitschrift 7.Zulieferer 8.Zubehör 9.Währung
10.Werdegang 11.Zeugnis 12.Weiterbildung 13.Waren
14.Wirtschaftswachstum 15.Werbung 16.zahlbar 17.Werkstatt
18.Zimmermann 19.Zentrale 20.Winterdienst

Übungsseite:
A. 1.C 2.D 3.E 4.F 5.A
B. 1.b 2.b 3.a

Abschlusstest 1   Seite 64-65

1.b 2.a 3.c 4.b 5.c 6.a 7.a 8.b 9.b 10.a 11.b 12.b 13.a 14.c
15.b 16.b 17.c 18.b 19.b 20.b

Abschlusstest 2   Seite 66-67

1.b 2.c 3.a 4.c 5.b 6.c 7.a 8.a 9.b 10.a 11.a 12.c 13.b
14.a 15.b 16.c 17.b 18.a 19.a 20.b